Heidrun Siebenhofer

Die Neun-Stufen-Seelenheilung

W0197335

Bitte fordern Sie unser kostenloses Verlagsverzeichnis an:

Smaragd Verlag
In der Steubach 1
57614 Woldert (Ww.)
Tel.: 02684-97848-10
Fax: 02684-97848-20
E-Mail: info@smaragd-verlag.de
www.smaragd-verlag.de

Oder besuchen Sie uns im Internet unter der obigen Adresse.

© Smaragd Verlag, 57614 Woldert (Ww.)
Deutsche Erstausgabe: Juni 2012
© Cover: © umnola - Fotolia.com
Umschlaggestaltung: preData
Satz: preData
Printed in Czech Republic
ISBN 978-3-941363-80-9

Heidrun Siebenhofer

Die Neun-Stufen-
Seelenheilung

Smaragd Verlag

Über die Autorin

 Heidrun Siebenhofer beschäftigt sich seit 1994 mit Spiritualität. Während einer Lebenskrise machte sie eine transformierende Erfahrung, die ihr half, ihre Berufung zu finden. Seither wird sie von Engel- und Naturwesen zum Schreiben inspiriert, deren lichtvolle Energien in ihren Büchern zum Ausdruck kommen.

Neben dem Schreiben zeigt sie anhand eigener Engelkarten Ratsuchenden ihren spirituellen Weg auf und übermittelt ihnen Botschaften ihrer Engel.

Heidrun Siebenhofer ist Jahrgang 1943 und lebt mit ihrer Familie in Österreich.

Inhalt

Einführung

Die meisten Menschen halten Einhörner für Fantasie-gestalten aus Märchenbüchern, doch immer mehr kommen in Berührung mit der wundervollen Einhornenergie, durch die ihre Seele Heilung erfahren kann. Wenn sich Pferde im Laufe ihrer Inkarnationen vervollkommnet haben, werden sie zu weißen Pferden, die in die Reiche der Engel aufsteigen, von wo sie mit ihren spirituellen Körpern als Einhörner mit uns Menschen arbeiten.

Einhörner kommen aus den höheren Dimensionen (7., 8. und 9. Dimension) und tragen ein Horn aus Licht auf ihrem Dritten Auge. Sie sind Lichtboten der universellen Liebe und arbeiten auf der Seelenebene mit uns. Desweiteren helfen sie uns, unsere Bestimmung zu erkennen und umgeben uns mit ihrer Energie, sobald sie von unserem Licht und unserer Bitte um Heilung angezogen werden. Sie sind wahrhaft mystische Wesen und symbolisieren Unschuld, Reinheit und Liebe.

Immer mehr Einhörner kommen in dieser Zeit der Schwingungserhöhung und den damit einhergehenden globalen und körperlichen Umwälzungen in unsere Welt, um uns die Energie der bedingungslosen Liebe darzubringen und uns die Macht der Heilung durch ihre Anwesenheit und durch die Energie ihres Horns zu schenken. Sie unterstützen unsere Seele beim Erkennen unserer Bestimmung, die wir für diese Inkarnation gewählt haben.

Einhörner helfen uns, den Bezug zu dem herzustellen, was unsere Seele wirklich will.

Nur sehr wenige Menschen haben die Gabe, Einhörner bewusst wahrzunehmen. Die meisten von uns können sie nicht sehen, sondern nur fühlen, denn sie leben auf einer höheren Schwingungsebene als wir.

Die Energie dieser wundervollen Geschöpfe kann andere Therapien hilfreich ergänzen. Viele Menschen leiden und finden keinen Zugang zu ihrer Seele, doch gerade dies ist in der Zeit der globalen Schwingungserhöhung von großer Wichtigkeit. Nicht nur Herzen müssen geöffnet werden, auch sehr viele Seelen benötigen der Heilung, um im Bewusstsein aufsteigen zu können. Die Seele ist unsere Lebenskraft, die Basis unseres Seins. Sie ist seit Menschengedenken Gegenstand unzähliger theosophischer und metaphysischer Auseinandersetzungen und Diskussionen. Die neue Zeitqualität, bedingt durch die rasant ansteigende Schwingungserhöhung des Planeten, beeinflusst immer mehr Menschen, sich verstärkt ihrem Seelenheil zu widmen. Sie suchen den Kontakt mit ihr, weil sie spüren, dass es einfacher für sie ist, Harmonie und Ausgeglichenheit in ihr Leben zu bringen, wenn sie mit ihrer Seele vertrauter sind.

Der Aufstieg der Menschheit und der Erde hat schon begonnen. Und Menschen, die die lichtvollen höheren Energien in sich integrieren wollen, brauchen die Herz-

Seelenverbindung, um alte Wunden, Muster, Blockaden, Erfahrungen und ungeklärte Emotionen ein für allemal aufzulösen. So lange die Seele nicht frei von jeglicher belastender Energie ist, können Herz, Seele und Geist nicht miteinander verschmelzen.

Auf diesem Seelenweg der Heilung können uns Einhörner mit ihrer feinen Sternenenergie unterstützen. Sie helfen uns, unsere Selbstheilungskräfte zu aktivieren, die in dieser Zeit mehr denn je benötigt werden.

Im Einssein geschieht der Aufstieg. Eingebettet in Liebe, Licht und Freiheit von allen Belastungen wird der aufgestiegene Mensch sein Erdendasein in vollem Wissen um seine Schöpferkraft frei genießen können.

Jeder Mensch hat schon viele Leben gelebt, und jedes Leben hat seine Spuren in der Seele hinterlassen. Diese, so sie belastend sind, gilt es daher, in der Seele in Licht umzuwandeln, damit diese wieder zu dem leuchtenden klaren Stern wird, der sich seiner Verbindung mit den himmlischen Kräften und Lichtwesen bewusst ist. Zu dem Licht, das er immer war, ist und sein wird.

Viele Einhornenergien sind jetzt bereit, die Menschen bei ihrer Seelenklärung zu unterstützen. Sie sind es, die helfen können, festsitzende Ängste und Traumen aufzulösen, die in den Seelentempeln gespeichert sind.

Nur ein Bewusstseinswandel führt die Menschen aus einem Bewusstsein von Getrenntsein in das von Einheit. Je offener wir für diese Änderung in unserem Denken sind und je tiefer wir uns darauf einlassen, desto stärker kommt unsere eigene Göttlichkeit wieder an die Oberfläche. Wir können uns dadurch mit den bisher getrennten Teilen unseres Selbst verbinden.

Auf diesem Weg lösen sich Ängste, Mängel, Opfer- und Ohnmachtsgefühle auf. Die Engel- und Einhornenergie kann uns bei dieser Heilung gravierend unterstützen.

Durch den Prozess der Aufarbeitung lösen sich nach und nach unsere selbst gesetzten Begrenzungen in unserem Bewusstsein auf, die uns vom Einssein abhalten. Auch wenn das mit gelegentlichen emotionalen, körperlichen und seelischen „Beschwerden" einhergehen mag, liegt doch am Ende des Weges der innere Frieden mit uns und Allem-was-ist.

Bisher löste man Blockaden und Gedankenmuster auf körperlicher und emotionaler Basis durch energetische Hilfestellungen und eigene Vergebungsarbeit auf. Die in der Seele gespeicherten Spuren vergangener und gegenwärtiger Leben sollten aber auch in der Seele aufgelöst werden, damit der Mensch in die nächst höhere Dimension aufsteigen und seine Göttlichkeit bewusster leben kann. Die Neun-Stufen-Seelenheilung kann uns helfen, Selbstheilungskräfte zu aktivieren, verdrängte Schmerzen

in unserer Seele aufzuspüren und sie mit Hilfe von Ein-
horn- und hoher Lichtwesenenergie in Licht umzuwandeln.

Bei der Neun-Stufen-Seelenheilung unterstützen uns
nicht nur die Einhörner, sondern auch Erzengel, Aufgestiegene Meister, Geistführer und Schutzengel mit ihrer Energie. Die Seelenklärung geht Stufe für Stufe vonstatten,
wodurch immer mehr von dem strahlenden Licht, das jede
Seele ist, nach außen dringen kann.

Wenn schmerzhafte, negative Erfahrungen sich aus
dem Seelengedächtnis lösen und in Liebe transformiert
werden können, wird die Seele zu dem strahlenden Stern,
der die menschliche Realität durchschaut. Dieses reine,
wundervolle Seelenlicht führt jeden Menschen zum Aufstieg in die Schwingung, der Illusion nichts mehr anhaben
kann.

Mit jeder Stufe, die der Mensch auf dem Seelenweg
geht, lodert das Licht seiner Göttlichkeit kraftvoller, denn
es wird ihn zum direkten Weg seiner Bestimmung führen.
Es wird ihm helfen, den Blick nur noch auf das Höchste
und Wesentliche zu richten, damit es ihm möglich ist, sich
dauerhaft in der Schwingungsfrequenz der Fünften Dimension aufzuhalten.

Dieses Buch ist in zwei Teile gegliedert. Der erste dient
der Einstimmung auf die Engel- und Einhornenergie und
beschreibt die neun Stufen des Seelenheilungsrituals in

der persönlichen Du-Form mit zusätzlichen Meditationen und Botschaften zur Vertiefung und Verankerung des Rituals. Die Meditationen/Botschaften haben das Ziel, die Schwingungsqualität aufzubauen, um die blockierte Seelenenergie aufzulösen und mehr von dem Licht der Neuen Zeit aufzunehmen.

Der zweite Teil enthält die Beschreibung meines Wegs zu den Engelerfahrungen.

Möge es vielen Menschen gelingen, mit der Unterstützung des Engel- und Einhornlichts ihren Aufstieg in eine höhere Schwingungsqualität zu bewerkstelligen.

Lassen Sie sich durch den Text, der ein Energieträger ist, berühren. Die Engel-Einhorn-Energie ist sanft, sie ist die Sprache des Herzens, die Sie ganz tief in Ihrer Seele berühren wird.

Herzlichst,
Heidrun Siebenhofer

Meditation, um dein Einhorn kennenzulernen

Schließe deine Augen und atme in dein Herzzentrum, bis du innerlich ruhig geworden bist. Bitte dein Höheres Selbst, dich zu führen, und lade deine Schutzengel ein, an deine Seite zu kommen. Umgib dich mit einer Aura strahlend weißen Lichts und lass deine Wurzeln sich mit dem Erdkanal verbinden, damit du geerdet bist.

Bitte darum, dass dein Einhorn von deiner Aura angezogen wird. Sende diesen Wunsch aus deinem Herzen aus, denn von diesem Licht wird es unwiderstehlich angezogen. Lass alles so geschehen, wie es zu deinem Besten ist.

Wenn du innerlich ruhig geworden bist, beginnst du einen Pfad entlangzugehen, der an einem friedlichen See entlangführt. Auf der einen Seite des Weges glitzert das Wasser im hellen Schein des Lichts, das um dich ist, und auf der anderen Seite breiten sich Blumen in betörendem Duft aus. Dazwischen stehen Bäume, deren Stamm und ausladenden Kronen von ihrem hohen Alter Zeugnis geben. Nimm dir die Zeit, den Geräuschen zuzuhören, und atme den Duft der dich umgebenden Natur ein.

Nach einer Weile siehst du ein intensiv silberweißes Licht auf dich zukommen. Während es näherkommt, erkennst du, dass es dein Einhorn ist. Das leuchtende Geschöpf bleibt vor dir stehen und erlaubt dir, in sein gött-

liches Licht einzutreten. Die Aura des Einhorns ist von weißgoldener Farbe, und du spürst intensiv die Liebe, die es ausstrahlt und die dich umhüllt wie ein schützender Mantel.

Du fragst das wundervolle Geschöpf, ob du es berühren darfst. Dabei lass auch du Liebe fließen, bis du dich mit ihm eins fühlst.

Das Einhorn senkt seinen Kopf und richtet den Strahl seines Horns auf dein Herz, um dich willkommen zu heißen. Spüre diesem Gefühl intensiv nach.

Danach schau in seine wundervollen Augen und vernimm seinen Namen, so es ihn dir nennt, in deinem Herzen.

Wenn deine Gedanken noch zu sehr von der Außenwelt beeinflusst sind und du keinen Namen hörst, ist das auch in Ordnung. Du wirst ihn zu einem späteren Zeitpunkt erfahren.

Bitte dein Einhorn, an deiner Seite zu bleiben, bis du auf der obersten Stufe des Heilungsrituals angelangt bist. Auf jeder Stufe, die du höher steigst, werden andere göttliche Lichtwesen dich erwarten und dir eine Botschaft überbringen. Dein Einhorn aber wird stets in deinem Lichtfeld bleiben, um dich bei deinem Seelen-Heilungsritual mit seiner Energie zu stärken und zu unterstützen.

Botschaft des Einhorns

„Nach einer langen Zeit des Getrenntfühlens und des Vergessens sind viele Menschen jetzt bereit, ihre Erinnerung an zu Hause in ihrem Herzen wieder zu erwecken.

Wir Einhörner sind gerne bereit, die Menschen mit unserer Liebesenergie zu unterstützen. Unsere Sternenenergie kann allen helfen, das Licht ihrer Seele noch strahlender zu machen, als es ist, damit Heilung für Mensch und Mutter Erde geschehen kann.

Viele Seelen rufen nach unserem Licht.
Wir hören euch.
Wir sehen eure Bereitschaft.
Wir segnen euch!"

Teil 1:

Die Neun-Stufen-Seelenheilung

So viele Leben zuvor, so viele Jahre deines bisherigen Lebens hattest du nicht die Möglichkeit zur Aufarbeitung deiner Seelenblockaden, wie es dir in der heutigen Frequenz ermöglicht wird. Durch die laufende Schwingungserhöhung werden alle Menschen berührt, ob sie diese nun als solche erkennen und annehmen, oder die mannigfachen Veränderungen an ihrem Körper und ihrer Umgebung anderen Ursachen zuschreiben.

Du wurdest zu diesem Buch geführt, weil du auf die Sehnsucht deiner Seele reagiert hast. Sie möchte heil werden und braucht deine Zustimmung, damit die Energien leidvoller Erfahrungen aufgespürt und im Licht der Einhörner und göttlicher Lichtwesen transformiert werden können. Sei dir bewusst, dass sich in deiner Energie viel verändern kann, wenn du dich auf Seelenklärung einzulassen beginnst. Wisse auch, dass diese Form der Energiearbeit nicht einen Arztbesuch ersetzen, wohl aber unterstützend sein kann, um schneller wieder mit deinen Energien ins Gleichgewicht zu kommen.

Ziel der Neun-Stufen-Seelenheilung ist es, blockierte Energien im Seelenbereich zu erkennen und die Selbstheilungskräfte zu aktivieren, um diese Blockaden zu erlösen.

Du kannst Verbindung mit diesem Ritual aufnehmen, wenn du dich Stufe für Stufe darauf einstimmst, es langsam und bewusst liest und den Energien zwischendurch nachspürst. Die Neun-Stufen-Seelenheilung kann aber auch auf Band gesprochen werden. Es verstärkt ihre Wirkung, wenn es im Kreis Gleichdenkender, wie zum Beispiel in Lichtkreisen und Meditationsgruppen, zur Anwendung kommt.

Die Zeit, sich des vollkommenen Lichts seiner Seele bewusst zu werden, ist JETZT. JETZT sind wir alle aufgefordert, das Vertrauen in unsere Schöpferkraft zu stärken und Heilung auf allen Ebenen unseres Körpers und Seins zuzulassen.

Wir sind uns immer mehr der Aufgabe bewusst, dass wir, um das Licht auf dieser Erde zu verbreiten, zu genau diesem Zeitpunkt hierher gekommen sind. Es ist ein Dienst der Liebe, der zuerst bei uns selbst beginnt und dann nahtlos übergeht in das Bedürfnis, das Goldene Zeitalter auf diesem Planeten einzuläuten.

Mögen wir alle dazu beitragen, Teil des Klangs zu sein, der die Botschaft von Liebe, Frieden und Freiheit in die Welt hinausträgt.

Erste Stufe:
Werde dir bewusst, was du willst

Schließe deine Augen und atme in dein Herzzentrum, bis du innerlich ruhig geworden bist.

Lade deine Schutzengel ein, an deine Seite zu kommen, und bitte dein Höheres Selbst, dich zu führen. Umgib dich mit einer Aura strahlend weißen Lichts und lass deine Wurzeln sich mit dem Erdkanal verbinden, damit du geerdet bist.

Gib laut oder gedanklich deine Zustimmung, mit Hilfe der Engel- und Einhornenergie Heilung für deine Seele zuzulassen.

Schon bald siehst du einen Tempel, zu dem neun Stufen emporführen. Er ist in gleißendes Licht getaucht, und ein goldener Schein umgibt das ganze Gebäude.

Oberhalb der neunten Stufe befindet sich ein Tor, vor dem ein Einhorn mit seinem goldenen Horn als Torwächter steht und dich erwartet. Der Torwächter wird auf dieser Stufe die Entscheidung treffen, ob deine Energieschwingung den hohen Frequenzen standhalten kann, deren Licht dahinter strahlt. Es ist das göttliche Licht des Aufstiegs in der Halle der Erkenntnis, das auf die Resonanz deiner Seele antworten wird. Dort kann dir eine Vision gewährt werden, wer du immer warst, bist und ewig sein wirst. Im Licht des

Aufstiegs wirst du vielleicht deinen Engelnamen erfahren und Antworten auf Fragen deines Herzens bekommen, die mit deinem Seelenwachstum zusammenhängen.

Nur du allein wirst die Antworten in deinem Herzen hören, und dein Einhorn bittet dich, diese in Demut zur Kenntnis zu nehmen, wie immer sie auch lauten werden. Wisse, es gibt für jeden Weg die richtige Zeit, und im Göttlichen ist jede Seele in ihrer Entwicklung auf dem Stand, der für ihr Wachstum angemessen ist. Du solltest auch wissen, dass du nicht mehr die/derselbe sein wirst, wenn du an der obersten Stufe angekommen bist und die Segnungen des goldenen Aufstiegslichts empfängst.

Wie ein schützender Mantel umgibt dich die Energie deines Einhorns, während du dich sammelst, um die Schwingung aufzunehmen, die der ersten Stufe zu eigen ist.

Deine beiden Schutzengel erwarten dich. Sie nehmen dich in ihre Mitte und werden dich Stufe für Stufe begleiten. Ihre Liebe legt sich als schützendes Licht um dich.

Auf der ersten Stufe sollte dir bewusst werden, was du in deinem Leben verwirklichen willst.

Du spürst das tiefe Verlangen, mehr über dich zu erfahren und bittest dein Einhorn, deinem Gedächtnis auf die Sprünge zu helfen. Das Einhorn bezieht sein Wissen aus göttlichen Quellen und spricht zu dir aus seinem Herzen der Wahrheit. Während es dir von deiner Seelenfamilie erzählt, siehst du all das Vergessene wieder vor dir. Durch dein Menschsein hast du dieses Getrenntsein erfahren, doch jetzt bist du willens, die Schleier der Trennung niederzureißen, um dein Selbst wieder ins Licht zu stellen.

Dein Einhorn zeigt dir, wie du aussiehst, wenn du dich in den lichtvollen Welten aufhältst. Du siehst, dass es keinen Unterschied zwischen dir und den Engeln gibt. Du strahlst und leuchtest wie sie, und dein Herz ist voller Liebe und Freude.

In diesem Moment sollte dir bewusst werden, dass du inkarniert bist, um aus dem Vergessen heraus deinen göttlichen Ursprung zu erkennen, und dass es deine Bestimmung ist, dich liebevoll und kreativ zum Wohl des Ganzen auszudrücken.

Hinterfrage dein Herz, was du verwirklichen willst.

Solltest du mehr auf deine eigenen Bedürfnisse eingehen?

Möchtest du in deinen Entscheidungen freier sein? Dir nicht mehr von anderen dein Tun und Handeln vorschreiben lassen?

Möchtest du dich malend, schreibend, tanzend, singend ausdrücken?

Oder lieber lehrend, energetisch arbeitend oder auf eine andere Art helfend tätig sein?

An deinen Zielen und Visionen festhalten und für das eintreten, was im höchsten Interesse aller liegt?

Bist du am Wachstum deiner Seele, an ihrer und an der Heilung deiner Familie, deiner Gemeinde interessiert, und möchtest du vielleicht sogar zum globalen Umdenken beitragen? Du weißt, dass du mit Allem-was-ist verbunden bist. Was willst du in deinem Leben verwirklichen?

Lass die Vision, was du in deinem Leben erreichen und ausdrücken möchtest, vor deinem geistigen Auge entstehen. Betrachte dieses zukünftige Leben von einer höheren Ebene aus. Fühle, als würde dieses Leben in diesem Moment bereits real sein.

Dieses Gefühl der Freude lege in dein Herz, und immer dann, wenn Zweifel dich heimsuchen, hole es hervor und wisse, dass es keinen Grund gibt, an deiner Bestimmung und Einmaligkeit zu zweifeln. Du weißt ja nun, was du in deinem Leben noch in die Tat umsetzen willst!

Sei dir aber auch bewusst, dass die Engel- und Einhornenergie dich unterstützen kann, deine Wünsche schneller zu manifestieren, indem du dich auf sie einschwingst.

Höre auf die Sprache deiner Seele, die über deine Gefühle zu dir spricht und dich ermuntert, auf diesem Weg nicht stehenzubleiben.

Wenn du jedoch zum Weitergehen auf die nächst höhere Stufe noch nicht bereit bist, wird dein Einhorn dich in den Garten der Einhörner geleiten, wo du dich in ihrer Gesellschaft aufhalten kannst, so lange du willst. Auch dies bringt dich bei deinem Seelenaufstieg weiter, in deinem dir eigenen Tempo und so, wie es für dich stimmig und annehmbar ist. Sei dir sicher, dass du, egal wie deine Entscheidungen ausfallen, stets bedingungslos geliebt wirst.

Bist du zum Weitergehen entschlossen, erneuere laut oder im Gedanken deine Bereitschaft für Seelenheilung, um in deiner spirituellen Entwicklung voranschreiten zu können.

Suche nun in Begleitung deines Höheren Selbst, deiner Schutzengel und deines Einhorns den Platz vor den Toren deiner Seele auf, an dem du das Ritual ablegen möchtest. Dieser Platz ist dein heiliger Ort, den du bei jedem Ritual aufsuchen wirst und der sich dir im Licht deiner Seele so zeigt, wie er deiner Vorstellung von einem Seelentempel entspricht. Es ist ein Ort des Friedens, des strahlenden Lichts und der unbegrenzten Weite, wie sie deiner Seele zu eigen ist.

Sprich:

„Ich bin bereit, meine Seele für die Einhornheilung zu öffnen und bitte mein Hohes Selbst um Führung.

Mir ist bewusst geworden, was ich in meinem Leben noch verwirklichen will, und ich bin bereit, alles dafür Notwendige zu tun.

Mögen die Einhörner die Spuren in meiner Seele, die meinem Leben nicht mehr dienlich sind, mit Hilfe der Engel der Heilung zuführen.

Ich bedanke mich für die heilende Einhornenergie, die Führung meines Hohen Selbst und die Hilfe meiner Schutzengel.

Ich bin bereit! Ich bin bereit! Ich bin bereit! Danke! "

Spüre den Frieden, der in dir Einzug gehalten hat, atme einige Male tief durch und komme langsam ins Hier und Jetzt zurück.

Botschaft deines Einhorns – *Seelenkristall*

„Ich danke dir für deine Bereitschaft, geliebtes Menschenkind, die Heilung deiner Seele durch mein Licht zuzulassen. Mit meiner sanften Energie will ich dir helfen, die inneren Türen deiner Potenziale zu öffnen, damit der goldene Segensstrom göttlicher Gnade dich erfüllen kann. Die Kraft meines Lichts wird deine Energie mit jeder Stufe, die du noch erklimmen wirst, ansteigen lassen, damit du in deiner Entschlusskraft gestärkt wirst, dich wieder an dein wahres Selbst anzuschließen.

Du bist so tief in die menschliche Erfahrung eingetaucht, dass du die Erinnerung an dein Zuhause verloren hast und es seither immer wieder suchst, denn die Sehnsucht danach ist in deiner Seele gespeichert. Ich möchte dir helfen, dass dein Licht wieder so zu strahlen beginnt, wie es deiner Herkunft entspricht, und du den Weg nach Hause findest.

Ich möchte deiner Erinnerung, dass du ein lichtes Wesen bist, auf die Sprünge helfen. Du bist ein Engel, der eine Mission auf sich genommen hat und deswegen in die Welt von Trennung und Schuld gekommen ist, um die Erfahrungen von Licht und Schatten zu machen.

In meinem Licht findest du Frieden und die Kraft, neue Wege zu gehen. Du bist in die Veränderung eingetreten, als du die erste Stufe betreten und die Segnung meines

Horns erhalten hast, das die Blockaden deiner Seele um-
wandelt und klärt.

Ich habe ein Geschenk für dich, das dir helfen wird,
deine Göttlichkeit zu kräftigen und deine Liebe strahlen zu
lassen. Um das Geschenk in dir zu verankern, solltest du
dich, so weit es dir möglich ist, für meine Energie öffnen.
Dehne dein eigenes Licht in dir aus und heiße mich in deinem Herzzentrum willkommen.

Mein Geschenk an dich ist ein Seelenkristall. Seine
lichtvolle Heilkraft fließt in dich ein und durchtränkt alle
deine Körper. Sie dringt tief in deine Zellen ein, stabilisiert
dein inneres Gleichgewicht und richtet dich auf das Goldene Zeitalter aus.

Fühle, geliebter Mensch, dass du mit Allem-was-ist
verbunden bist. Fühle, geliebter Mensch, dass dies ab sofort dein eigener Seelenkristall ist.

Der Kristall ist nun in deiner Seele verankert und ver-
breitet von dort aus seine lichte Energie, die dich mit deiner wahren Heimat verbindet. Wann immer du dich in der
Hektik des Lebens an die Liebe und den Frieden deiner
Sternenheimat anbinden möchtest, suche diesen Ort in dir
auf, denn hier findest du alles, was dir in deinem Menschsein fehlt.

Liebe, Frieden und Segen erfüllen dich!"

Ehe du die nächste Stufe in Angriff nimmst, spüre den lichtvollen Energien nach, die auf der ersten Stufe in dich eingeflossen sind. Wenn du das Bedürfnis hast, das Erlebte niederzuschreiben, tue dies jetzt. Die Empfindungen wirst du so nicht wieder erleben, denn sie werden auf jeder Stufe anders sein. Das Schreiben kann dir helfen, den Fortschritt deiner Seelenklärung zu erkennen, wenn du dieses Ritual öfter machst.

Es ist auch empfehlenswert, einige Zeit in die Natur zu gehen, um dort das Erlebte noch besser integrieren zu können. Im Frieden der Natur kannst du der Einhornenergie nachspüren und dich auf die Elementarwesen einstimmen, die in großer Zahl um dich sind, denn sie sind stets in der Nähe der Einhörner zu finden.

Zweite Stufe:

Bist du bereit, Verletzungen, Kränkungen und Schuldgefühle loszulassen und anderen Menschen Eigenständigkeit zuzugestehen?

Nun tritt auf die zweite Stufe der goldenen Pyramide.
Schließe deine Augen und atme eine Weile in dein Herzzentrum, bis du innerlich ruhig geworden bist.

Bitte dein Höheres Selbst, dich zu führen, und freue dich, dass deine Schutzengel wieder an deiner Seite stehen. Umgib dich mit einer Aura strahlend weißen Lichts, damit die reine Energie deines Einhorns hineinkann, und lass deine Wurzeln sich mit dem Erdkanal verbinden, damit du geerdet bist.

Du gibst wieder innerlich deine Zustimmung, mit Hilfe der Engel- und Einhornenergie Heilung für deine Seele zuzulassen.

Auf der zweiten Stufe zeigt sich dir dein Geistführer. Das kann ein Engel- oder Elementarwesen, ein Krafttier, ein galaktisches Licht- oder Sternenwesen sein. Was immer sich dir zeigt, nimm es in Liebe und Dankbarkeit an, ob dir dein Geistführer schon bekannt ist oder sich dir zum ersten Mal zu erkennen gibt.

Er richtet die Frage an dich: „Bist du bereit, Verlet-

zungen, Kränkungen und Schuldgefühle loszulassen und den Menschen in deinem Umfeld ihre Eigenständigkeit zuzugestehen?"

Ergründe, ob du wirklich bereit bist, diesen Seelenweg der Heilung weiterzugehen. Willst du den Aufstieg, der das Loslösen von beschränktem Denken und alten Gewohnheiten bedeutet?

Verinnerliche, dass alle Menschen ihre eigenen Lernprozesse haben. Es ist das, was sie für dieses Leben gewählt haben. Du kannst ihnen ihre Aufgaben nicht abnehmen, denn sie werden ihnen so lange vor Augen geführt, bis sie sie aus eigener Kraft gemeistert haben. Halte nicht an Dingen und, vor allem, nicht an Menschen fest. Lass deine Kinder, deinen Partner eigene Entscheidungen treffen, denn sie sind Seelen mit ihrem eigenen Pensum an Lernprogrammen, das sie sich vorgenommen haben. Gib ihnen die Freiheit, und sie werden gerne bei dir sein.

Schaffst du es, dir vor Augen zu halten, dass du alles in dir hast, was du benötigst und was dein Leben ausmacht? Bist du wirklich bereit, die Ablenkungen des täglichen Geschehens so anzunehmen, dass du dahinter die Illusionen erkennst?

Das Licht deines Geistführers hilft dir, tief in deine Seele zu blicken und Verschüttetes hervorzuholen.

Bitte ihn, dir aufzuzeigen, was es gilt, aus vergangenen Leben loszulassen und zu verzeihen, damit die damit verbundenen Gefühle, die in deiner Seele gespeichert sind, sich auflösen und transformieren können. Schließe Frieden mit deinen Angehörigen, Freunden, Gegnern, Neidern und den Menschen, die deine schlimmsten Feinde sind/ waren, denn sie tragen zu deinem größten Wachstum bei. Sie haben sich vor deiner Inkarnation dazu bereit erklärt, dir den Spiegel vorzuhalten, damit deine Seele an solchen Erfahrungen wachsen und reifen kann. Danke ihnen von ganzem Herzen und vergib jedem, von dem du glaubst, dass sein Verhalten dir geschadet hat.

Mache dir bewusst, dass der Aussage *„Ich vergebe dir, damit es mir gut geht!"*, eine gewaltige Kraft innewohnt. Nutze diese Kraft, denn sie unterstützt dein Seelenwachstum auf besondere Weise.

Schließe Frieden mit Menschen, die schon auf die andere Seite gegangen sind, von denen du vielleicht im Unfrieden geschieden bist, weil du keine Möglichkeit hattest, dich mit ihnen auszusprechen oder zu versöhnen.

Lass deine Schuldgefühle verstorbenen Angehörigen gegenüber los. Was immer geschehen ist, es ist so in Ordnung, wie es geschehen ist. Im Licht lösen sich Verletzungen, egal, welcher Art, in Liebe und Verstehen auf.

Vergiss aber dich nicht! Vergib auch dir von ganzem

Herzen für alle Dinge, die du aus deinem menschlichen Sein heraus verurteilt hast und die dich zu Handlungen getrieben haben, für die du Schuldgefühle empfindest. Handlungen, die du in Unwissenheit, in jugendlichem Leichtsinn oder aus gekränkter Eitelkeit und gekränktem Stolz begangen hast: Lass sie aus deiner Seele hervortreten, damit sie geheilt und transformiert werden können.

Lass Kränkungen und verletzten Stolz hinter dir. Diese Energien behindern deinen Aufstieg und tragen nicht mehr zum Wachstum bei, das in der derzeitigen Energie einzig und allein auf Liebe und Freude ausgerichtet ist.

Dein Geistführer fragt dich: „Bist du bereit, Verletzungen, Kränkungen und Schuldgefühle loszulassen und anderen Menschen Eigenständigkeit zuzugestehen?"

Stimmst du zu, lässt dein Einhorn durch sein Horn Sternenenergie in deine Brust einfließen. Dein Herz und deine Seele öffnen sich, und dir wird ins Bewusstsein gebracht, was du an alten Verletzungen, Kränkungen, Schuldgefühlen und daraus resultierenden Ängsten in deiner Seele gespeichert hast. Dabei musst du nicht unbedingt etwas „sehen", gehe ins Fühlen.

Überlass deinem Höheren Selbst die Führung, denn es kennt alle deine Inkarnationen und die Spuren, die sie in deiner Seele hinterlassen haben. Es weiß, was für dich das Beste ist, und wird es geschehen lassen.

*Spüre den alten Schmerzen nach und beginne, zu ver-
geben. Denk daran, dass durch Vergebung deine Seele
frei wird. Erinnere dich: „Ich vergebe dir, damit es mir gut
geht."*

*Bitte dein Einhorn, diese belasteten Energien aus dei-
ner Seele herauszulösen, damit sie transformiert werden
können. Fühle und liebe dich!*

*Dein Einhorn lässt so lange Sternenenergie in deine
Brust fließen, wie dein Herz und deine Seele benötigen,
um heil zu werden. Kraftvolles, göttlich weißgoldenes
Licht fließt in dich. Die blockierte Seelenenergie wird vom
Einhornlicht aufgenommen und deinen beiden Schutzengeln übergeben, die es mit dem Licht ihres Dritten Auges
transformieren. Dies geschieht auf jeder Stufe, die du bereit bist hochzusteigen.*

*Anschließend füllt dein Einhorn die Lücke, die durch
das Herauslösen belastender Energie entstanden ist, mit
dem Heilungslicht deiner Sternenheimat auf. In deiner
Seele beginnt sich nun das Wissen um deine wahre Herkunft auszubreiten.*

*Mit jeder Stufe, die du höher steigst, wirst du das We-
sen besser erkennen, das du in Wahrheit bist.*

*Mit jeder Stufe, die du meisterst, wirst du deine inne-
ren Kräfte mehr und mehr aktivieren, damit deine Göttlichkeit auch im Außen zum Ausdruck kommen kann. Denn*

du bist Teil einer riesigen Sternenfamilie, deren Energien mithilfe der Lichtwesen um dich sind, um deine Erinnerung an dein wahres Zuhause wieder in dir lebendig werden zu lassen.

Das Einhorn hebt seinen Kopf, wenn die Engel die Transformation der losgelassenen Seelenenergie beendet haben.

Solltest du für die nächste Stufe noch nicht bereit sein, folge deinem Einhorn, das dich zum Garten der Einhörner bringt, in deren Gesellschaft du dich aufhalten kannst, so lange du willst. Auch dies bringt dich deinem Seelenaufstieg weiter, wenn auch in deinem dir eigenen Tempo und so, wie es für dich stimmig und annehmbar ist.

Möchtest du jedoch die nächste Stufe in Angriff nehmen, suche in Begleitung deines Höheren Selbst, deiner Schutzengel, deines Einhorns und deines Geistführers den Platz vor den Toren deiner Seele auf, an dem du das Ritual ablegen möchtest. Dieser Platz ist dein heiliger Ort, dein Seelentempel des Friedens und des Lichts, an dem deine Begleiter zu Zeugen deines Rituals werden.

Sprich:

„Ich bin bereit, meine Seele für die Einhornheilung zu öffnen und bitte mein Hohes Selbst um Führung.

Mögen die Einhörner die Spuren in meiner Seele, die meinem Leben nicht mehr dienlich sind, mit Hilfe der Engel der Heilung zuführen.

Mir ist bewusst, was ich in meinem Leben noch verwirklichen will, und ich bin bereit, alles dafür Notwendige zu tun.

Verletzungen, Kränkungen und Schuldgefühle, die ich erfahren und mir selbst und anderen Menschen zugefügt habe, bitte ich mit göttlicher Hilfe im Licht zu transformieren.

Ich vergebe von Herzen und gestehe anderen Menschen ihre Eigenständigkeit zu.

Ich danke für die Sternenenergie, die mir durch das Horn meines Einhorns geschenkt wird.

Ich danke meinem Höheren Selbst für die Führung, und ich bedanke mich bei meinem Geistführer und meinen Schutzengeln.

Ich bin bereit! Ich bin bereit! Ich bin bereit!
Danke!"

Spüre den Frieden, der in dir Einzug gehalten hat, atme einige Male tief durch und komme langsam ins Hier und Jetzt zurück.

Botschaft des Geistführers: *Seelengarten*

Viele Menschen werden in dieser Zeit von Prüfungen heimgesucht, die ihr Vertrauen auf die Probe stellen. Du bist auf dem richtigen Weg, wenn du nach einer Lektion, durch die du betroffen warst, fragst: „Wozu?", und nicht die Frage stellst: „Warum?".

Lektionen geschehen, damit du deine Einzigartigkeit und Schöpferkraft annehmen kannst. Du weißt, dass du niemanden brauchst, denn alles ist in dir, und du bist in Allem-was-ist.

Halte nicht an Menschen und Gedankenmustern fest, von denen du annimmst oder hoffst, sie könnten dir von Nutzen sein oder dir etwas sagen, von dem du fälschlicherweise annimmst, es selbst nicht zu wissen.

Du weißt! Du bist! Du kannst!

Deine Körperzellen sind angefüllt mit lichtvoller Energie. Öffne dein Herz und weite es aus, damit das Licht deiner Zellen sich noch weiter ausdehnen und seine Weisheit in deinem ganzen Sein verbreiten kann.

Geliebter Mensch, höre deiner Seele zu und sprich mit deinen Zellen. Sie geben dir Antworten, die dir niemand sonst geben kann.

Verbinde dich jeden Tag mit deiner Seele, erforsche und erkunde sie. Sie ist so großartig und vielfältig, dass dein Leben schon ausgefüllt wäre, sie zu erforschen. Alle deine bisherigen Leben sind in ihr genauso gespeichert wie deine Erkenntnisse daraus und die Lehren, die zu deinem heutigen Bewusstseinsstand beigetragen haben. Durch deine Seele bist du verbunden mit deinem Ursprung, mit dem Schöpfer, mit dem Licht, aus dem du bist und das du immer sein wirst. Deine Seele ist der Dolmetscher, der dir alle Sprachen des Lebens in die Gegenständlichkeit über-setzen kann.

In deiner Seele sind die bestandenen Prüfungen auf-gezeichnet und jene, bei denen du „versagt" hast, wobei das nicht der richtige Ausdruck ist, denn Prüfungen, die du nicht als solche erkannt hast, und Lektionen, die du noch nicht bereit warst anzunehmen und in deinen Erfahrungs-schatz zu integrieren, werden sich dir so lange stellen, bis du sie „bestanden", also verinnerlicht hast.

Deine Seele ist ein wunderschöner Garten, in dem dein Lebensbaum wächst – auf und um ihn herum Blü-ten und Pflanzen der Erkenntnis, die ihre Wurzeln in der Liebe verankert halten. Mit jedem liebevollen Gedanken, mit jeder Emotion, der die Liebe zugrunde liegt, wird der Garten deiner Seele gedüngt. Und die Tränen deines Le-bens, ob Freuden- oder Kummertränen, tragen zu seinem Wachstum bei, wodurch sich dein Seelengarten immer fruchtbringender entwickelt.

Dein Seelengarten spiegelt deine Erfahrungen wider, deine Einstellung zum Leben und zu anderen Menschen, und er hat einen unbegrenzten Speicherplatz. Wenn der Boden deines Gartens mit Liebe getränkt wird, können die Früchte deines Lebensbaums in deinem Garten nur Liebe sein.

Doch du weißt, dass du in der Dualität auch die andere Seite von Liebe erfährst. Denn wie willst du das Licht erkennen, wenn du nie die Nacht kennengelernt hast? An den Früchten deines Baums erkennst du deine liebevollen Gedanken und Handlungen, wie auch jene Früchte, die deine Egoseite zum Ausdruck bringen.

Du solltest darauf achten, dass das Gleichgewicht zwischen den beiden Ausdrücken deines Seins gewahrt bleibt und nicht die Egohandlungen überhandnehmen, denn beides zeigt sich in deinem Ausdruck. Wie innen, so außen.

Durch die Schwingungserhöhung erleben viele Menschen zurzeit widersprüchliche Empfindungen und Lektionen. Diese dienen der Ganzwerdung eures Körpes und haben zur Folge, dass Herz, Verstand und körperlicher Ausdruck zu einem Ganzen zusammenfinden. Nur aus dieser Vereinigung wird der neue Mensch – der von Licht erfüllte Mensch – die Göttlichkeit in seinem Leben zum Ausdruck bringen. Als ein Mensch mit einer großen Seele, der erkannt hat: „Alles ist in mir, und ich bin in Allem-was-ist!"

Reiß die Zäune nieder, die du in deinem Seelengarten errichtet hast, denn deine Seele ist Unbegrenztheit. Und wenn du dich im Kern deiner Seele mit deinem Lebensbaum verbindest, wirst du den Klang des Universums, die Melodie der Schöpfung, hören. Sie ist der Gruß deiner wahren Heimat, die Verbindung mit deinen Sternengeschwistern und das Verschmelzen mit deiner Seelenfamilie.

AMEN

☆☆

Ehe du die nächste Stufe in Angriff nimmst, spüre den lichtvollen Energien nach, die auf der zweiten Stufe in dich eingeflossen sind.

Wirst du es schaffen, deine Angehörigen loszulassen und ihnen die Freiheit zugestehen, die du auch für dich in Anspruch nimmst?

Hast du die Kraft, anderen und dir selbst zu vergeben? Bist du dir sicher, dass du es nicht nur tust, um die Zweifel zu besänftigen, die dir einreden wollen, niemals vergeben zu können?

Lass dir sagen, du kannst es!

Wenn du von ganzem Herzen vergeben willst, geschieht es.

Denke um und sage demjenigen, der dich verletzt hat: „Ich vergebe dir, damit es mir gut geht!" Denn nur so kann deine Heilung geschehen.

Schreibe das Erlebte nieder. Die Empfindungen wirst du so nicht wieder erleben, denn sie werden auf jeder Stufe anders sein. Es wird dir helfen, den Fortschritt deiner Seelenklärung zu verfolgen, wenn du dieses Ritual öfter machst.

Außerdem hilft es dir, noch tief in deiner Seele Verschüttetes zu erkennen, das du in schriftlicher Form loslassen kannst. Durch das Schreiben können viele Dinge aus dem Vergessen hervorgeholt werden. Verbrenne das Geschriebene. Lass deine Vergebung mit dem Rauch des Feuers zu den Engeln aufsteigen, die es transformieren, damit es an anderer Stelle wieder Gutes bewirken kann.

Gehe einige Zeit in die freie Natur, um das Erlebte noch besser zu integrieren.

Dritte Stufe:

Bist du bereit, deine Bestimmung anzunehmen?

Nun tritt auf die dritte Stufe der goldenen Pyramide.

Schließe deine Augen und atme eine Weile in dein Herzzentrum, bis du innerlich ruhig geworden bist.

Bitte dein Höheres Selbst, dich zu führen, und freue dich, dass deine Schutzengel wieder an deiner Seite stehen. Umgib dich mit einer Aura strahlend weißen Lichts, damit die reine Energie deines Einhorns hineinkann, und lass deine Wurzeln sich mit dem Erdkanal verbinden, damit du geerdet bist.

Du gibst innerlich deine Zustimmung, mit Hilfe der Engel- und Einhornenergie Heilung für deine Seele zuzulassen.

Auf der dritten Stufe erwartet dich der Aufgestiegene Meister Saint Germain. Sein violettes Licht umhüllt dich mit seiner ungeheuren Transformationskraft, und er legt Seelengröße in dein Herz, die notwendig ist, um die Verletzungen deiner Seele zu heilen.

Saint Germain ist der Führer des jetzt begonnenen Wassermannzeitalters. Durch seine verschiedenen Erdin-

karnationen hat er es zur Meisterschaft seiner Seele gebracht. In seiner Inkarnation als Graf von Saint Germain beschäftigte er sich mit dem Wachstum des Bewusstseins. In diesen Zeiten reicht er dir seine Hand, um dich für die Zeit des Friedens, der Freiheit, der Einigkeit und der Brüderlichkeit vorzubereiten.

Er hilft dir, deine Fähigkeiten zu erkennen, und seine Anwesenheit weist auf die Tatsache hin, dass du dich schon in deinen verschiedenen Vorleben mit Spiritualität und Magie beschäftigt hast.

Du stimmst dich auf die Energien der dritten Stufe ein. Dein Einhorn ist bereit, deine Seelenheilung mit seinem Sternenlicht zu unterstützen, und deine Engel warten darauf, die blockierten Energien mit ihrem Licht zu transformieren. Anschließend wird dein Einhorn wieder die Lücke, die durch das Herauslösen entstanden ist, mit dem Heilungslicht deiner Sternenheimat auffüllen.

Saint Germain richtet die Frage an dich, die du auf dieser Stufe beantworten sollst: „Bist du bereit, deine Bestimmung anzunehmen?"

Du allein weißt, welcher dein größter Wunsch ist.
Du spürst, was du schon seit langem tun möchtest.
Du fühlst des Öfteren, dass deine Tätigkeit dir nicht immer inneren Frieden und Freude bereitet.
Hör auf deine Seele, sie spricht jetzt zu dir ...

Bist du glücklich mit dem, was du bis jetzt getan hast? Möchtest du so weitermachen, oder willst du dem Drängen deiner Seele nachgeben?

Wolltest du nicht schon immer etwas tun, was nicht nur dir, sondern auch anderen Menschen Freude bereiten würde; etwas, das ihnen eine Hilfe wäre und wobei du dich selbst mit Glücksgefühlen beschenken würdest?

Wolltest du nicht schon längst deiner künstlerischen Begabung Ausdruck verleihen, aber die Angst, dich zu blamieren, hat dich bis jetzt davon abgehalten?

Vergiss es! Erkenne deine Großartigkeit an! Jede Seele ist großartig und einmalig, und es ist egal, welche Begabung sie hat, wenn sie ihre Kreativität mit Freude lebt, ob das Malen, Schreiben, Singen, Tanzen oder was auch immer ist, die Freude beim Tun zu spüren ist es, die jeden Menschen unverwechselbar macht. Das ist es, was jeder von euch tun sollte: seinem Herzensgefühl nachgehen. Denn das hat mit eurer Mission zu tun – mit eurem Lebensplan. Jeder fühlt tief in sich die Sehnsucht nach dem, was er gerne tun möchte und wozu er bereit ist. Das hat mit seiner Bestimmung zu tun.

Frage dich aufrichtig:
„Erkenne ich meine Bestimmung?
Bin ich bereit, sie anzunehmen und umzusetzen?"
Überlege gut, und dann antworte aus deinem Herzen.

Wenn du nicht bereit bist, auf die nächst höhere Stu-
fe zu steigen, folge deinem Einhorn, das dich zum Ein-
horngarten bringt, in dem du Seelenheilung in deinem dir
eigenen Tempo erfährst, so, wie es für dich stimmig und
annehmbar ist.

Bist du jedoch zum Weitergehen entschlossen, erneu-
ere laut oder im Gedanken deine Bereitschaft, das See-
lenritual zu sprechen, um in deiner spirituellen Entwick-
lung voranschreiten zu können.

Suche nun in Begleitung deines Höheren Selbst,
deiner Schutzengel, deines Einhorns und des Aufgestie-
genen Meisters Saint Germain den Platz vor den Toren
deiner Seele auf, an dem du das Ritual ablegen möchtest
und deine Begleiter zu Zeugen deines Rituals werden.

Sprich:

„Ich bin bereit, meine Seele für die Einhornheilung
zu öffnen und bitte mein Hohes Selbst um Führung.

Mögen die Einhörner die Spuren in meiner Seele,
die meinem Leben nicht mehr dienlich sind, mit Hilfe
der Engel der Heilung zuführen.

Mir ist bewusst, was ich in meinem Leben noch
verwirklichen will, und ich bin bereit, alles dafür Not-
wendige zu tun.

Verletzungen, Kränkungen und Schuldgefühle, die ich erfahren habe und die ich mir und anderen Menschen zugefügt habe, bitte ich, mit göttlicher Hilfe im Licht zu transformieren.

Ich vergebe von Herzen und gestehe anderen Menschen ihre Eigenständigkeit zu!

Ich bin bereit, meine Bestimmung anzunehmen.

Ich danke für die Sternenenergie, die mir durch das Horn meines Einhorns geschenkt wird.

Ich bedanke mich bei meinem Hohen Selbst für die Führung und bei Meister Saint Germain und meinen Engeln.

Ich bin bereit! Ich bin bereit! Ich bin bereit!

Danke!"

Spüre dem Frieden nach, der in dir Einzug gehalten hat, atme einige Male tief durch und komme langsam ins Hier und Jetzt zurück.

Botschaft von Saint Germain: *Seelengröße*

Auf dieser Stufe, geliebter Mensch, stellt sich dir die Aufgabe, Seelengröße zu beweisen.

Seelengröße bedeutet für viele von euch, eine Handlung auszudrücken, die für Selbstlosigkeit steht – für andere da zu sein, ohne an das eigene Wohl zu denken, eigene Bedürfnisse hinten anzustellen, um anderen Freude zu bereiten, und Opfer zu bringen, damit andere es besser haben.

Seelengröße ist jedoch bei vielen Menschen gleichzusetzen mit Verzicht!

So, wie sich alles im Laufe von Jahrtausenden verändert, hat sich auch das Denken darüber gewandelt, wie Seelengröße sich ausdrückt. In der heutigen Zeit des globalen Umdenkens haben sich viele Einstellungen und Wertigkeiten den Frequenzen der Neuen Zeit angepasst. Im Wassermannzeitalter braucht niemand mehr zu verzichten, um seine Größe zu beweisen. Er kann dies tun, indem er Herz und Seele zu einer Einheit verbindet und aus dieser Einheit heraus handelt.

Seelengröße bedeutet, sein Denken, Tun und Handeln mit den Empfindungen seiner Seele zu verbinden. Nicht mehr zu bewerten, zu verurteilen und zu urteilen, sondern den Ausdruck jeder Seele zu akzeptieren, ob dies nun mit dem eigenen Gedankengut übereinstimmt oder nicht.

Die Größe aufzubringen, zu akzeptieren, dass noch nicht jeder bereit ist, sich dem neuen Denken anzuschließen, bedeutet, Seelengröße zu leben.

Zu tolerieren, dass jeder Mensch für sich selbst entscheidet, in welchem Tempo er sein Seelenwachstum vorantreiben und in welche Richtung er seinen Lebensweg steuern möchte, ist Seelengröße.

Sich trotzdem des anderen anzunehmen, ohne etwas zu erwarten und auf etwas zu verzichten, ist Seelengröße, wie sie sein sollte.

Die Göttlichkeit jedes anderen in seinen Augen zu erkennen und sich mit ihm auf gleicher Höhe zu fühlen, ist Seelengröße.

Zwischen Herkunft, Hautfarbe, Glaubenszugehörigkeit und Rasse nicht mehr zu unterscheiden, ist Seelengröße.

Mitgefühl für jene zu empfinden, die sich bereiterklärt haben, diesen Planeten in großen Gruppen zu verlassen, weil es Teil ihres Seelenauftrags ist, drückt Seelengröße aus.

Respekt gegenüber jenen, die für ihre Überzeugungen einer besseren Welt auf die Straße gehen, ob dies nun mit dem allgemeinen Denken übereinstimmt oder nicht, bedeutet, Seelengröße zu haben.

Zu erfahren, was nicht nur die eigene Seele, sondern auch andere Seelen nährt und das im eigenen Leben auszudrücken, ist Seelengröße.

Sich mit Menschen auf Seelenebene zu verbinden, die nicht auf gleicher „Wellenlänge" sind, beweist Seelengröße.

Es ist ein sanfter Prozess, der schon vor langer Zeit in dir begonnen hat, jedoch immer kraftvoller wird. Er lässt eine schöpferische Energie in dich einfließen, die eine neue Definition von Seelengröße hervorbringt, die Starres auflösen und den Teilen in dir Heilung bringen wird, wenn sie nach und nach wieder zu dem werden, was sie sind: Licht und Liebe.

AMEN

☆☆

Ehe du die nächste Stufe in Angriff nimmst, spüre den lichtvollen Energien nach, die auf der dritten Stufe in dich eingeflossen sind. Fühle, was du bei den Worten von Meister Saint Germain empfunden hast.

Hat er einen Herzenswunsch angesprochen?

Ein Tun, bei deren Beschäftigung sich dein Herz weiten würde?

Konntest du in der Meditation deine Bestimmung erkennen?

Spüre dem nach. Lass es nicht einfach so stehen, sondern erforsche dein Inneres. Es lohnt sich!

Auch hier würde ich dir empfehlen, das Erlebte niederzuschreiben. Die Empfindungen wirst du so nicht wieder erleben, denn sie werden auf jeder Stufe anders sein. Es wird dir helfen, den Fortschritt deiner Seelenklärung zu erkennen, wenn du dieses Ritual öfter machst.

Folge dem Drängen deiner Seele und gehe einige Zeit in die freie Natur, um dort das Erlebte noch besser integrieren zu können. Du weißt, dass du im Frieden der Natur der Einhornenergie auf eine ganz besondere Art und Weise nachspüren und mit den Naturreichen eine Beziehung eingehen kannst.

Vierte Stufe:

Bist du bereit zur Veränderung, auch wenn es bedeutet, manch' Altes hinter dir zu lassen?

Nun tritt auf die vierte Stufe der goldenen Pyramide.

Schließe deine Augen und atme eine Weile in dein Herzzentrum, bis du innerlich ruhig geworden bist.

Bitte dein Höheres Selbst, dich zu führen, und freue dich, dass deine Schutzengel wieder an deiner Seite stehen. Umgib dich mit einer Aura strahlend weißen Lichts, damit die reine Energie deines Einhorns hineinkann, und lass deine Wurzeln sich mit dem Erdkanal verbinden, damit du geerdet bist.

Du gibst innerlich deine Zustimmung, mit Hilfe der Engel- und Einhornenergie Heilung für deine Seele zuzulassen.

Du steigst in Begleitung deines Einhorns und deiner Schutzengel auf die vierte Stufe der goldenen Pyramide, wo dich Erzengel Michael erwartet, der dir Kraft und Seelenfrieden übermittelt.

Erzengel Michael stärkt deine Fähigkeiten, mit Problemen und Ängsten fertig zu werden. Er ist der Meister aller Engel und unterstützt dein Bemühen, geistig auf die gött-

lichen Energien ausgerichtet zu bleiben – er hilft dir mit seiner Kraft, Frieden in deiner Seele zu finden.

Mit seiner Energie kannst du blockierende Denkmuster auflösen und durch neues Denken ersetzen. Dadurch wirst du offener für die drängenden Probleme deiner Zeit, die von massivem Raubbau an der Natur und dem Ausbeuten der Erdschätze geprägt ist.

Michael ist von einem strahlend blauen Licht umgeben, das dich unterstützen wird, den Mut und das nötige Rückgrat aufzubringen, Veränderung in deinem Leben zuzulassen.

Du hast dich auf die Energien der vierten Stufe eingestimmt. Dein Einhorn ist bereit, deine Seelenheilung mit seinem Sternenlicht zu unterstützen, und deine Engel warten darauf, die aufgelösten Energien mit ihrem Licht zu transformieren. Anschließend wird dein Einhorn die Lücke, die durch das Herauslösen belastender Energie entstanden ist, mit dem Heilungslicht deiner Sternenheimat auffüllen.

Erzengel Michael fragt dich: „Bist du bereit, eine Veränderung zuzulassen? Hast du den Mut, Altes hinter dir zu lassen?

Es ist ein Entschluss, der dein ganzes Leben verändern und unter Umständen auf den Kopf stellen wird, denn es bedeutet, Eigenverantwortung zu übernehmen. Sie ist es, die dich auf die nächste Stufe deiner Bewusstseinsentwicklung bringen wird, denn Eigenverantwortung heißt, dein Leben nach deinen Vorstellungen und Gefühlen zu kreieren und alles dafür zu tun, damit sich die Dinge so entwickeln.

Dazu gehört, dass du deine Aufmerksamkeit, deinen Fokus, konsequent auf das ausrichtest, was du möchtest. Beginne in kleinen Schritten, in deinem unmittelbaren Umfeld das umzusetzen, wofür du einstehen willst. Dich nicht mehr anzupassen, wie es bis jetzt deine Erziehung oder deine Gewohnheit verlangten. Kläre für dich, was du als notwendig erachtest, ohne dich nach anderen zu richten, und lass einzig und allein die Gefühle deines Herzens und deiner Seele zum Maßstab dessen werden, was du in deinem Leben verändern willst. Sorge dich nicht um das, was du loslässt und verlierst, es wird durch freie und befriedigendere Energien ersetzt. Wenn du erst einmal Eigenverantwortung für dein Leben übernommen hast, bedeutet dies, dass du niemanden mehr für Geschehnisse, Probleme und Schwierigkeiten verantwortlich machen wirst, die dir das Leben schwer gemacht haben. Du wirst erkennen, dass du all das mit deinem Denken und Handeln in dein Leben gezogen hast. Dir wird bewusst werden, dass du dein Leben jederzeit mit einer anderen Denkweise ändern kannst.

Stell dein Leben in den Dienst des Höchsten. Falle nicht durch ungerechte Dinge und Nachrichten, die von *außen an dich herangetragen werden, in die alten Muster zurück, sie sind aus Unwissenheit und Egodenken geschehen. Konzentriere dich auf dein Herz, auf die Spuren in deiner Seele, die es gilt aufzuarbeiten. Lass Heilung geschehen, damit sie wieder in dem klaren Licht erstrahlt, das sie ist. Auf diese Weise wird das Licht deiner Seele automatisch andere Lichter mit entzünden und ihnen damit den Weg weisen."*

Erzengel Michael fordert dich auf, dir gut zu überlegen, ob du zu einer Veränderung bereit bist und Altes hinter dir zu lassen.

Überlege gut, und dann antworte aus deinem Herzen.

Bist du noch nicht bereit weiterzugehen, folge deinem Einhorn, das dich zum Einhorngarten bringt, in dem du Seelenheilung in deinem dir eigenen Tempo erfährst.

Bist du jedoch bereit, die nächste Stufe in Angriff zu nehmen, suche in Begleitung deines Höheren Selbst, deines Einhorns, deiner Engel und von Erzengel Michael den Platz vor den Toren deiner Seele auf, an dem du das Ritual ablegen möchtest. Dieser Platz ist dein heiliger Ort, dein Seelentempel des Friedens und des Lichts, an dem deine Begleiter zu Zeugen deines Rituals werden.

Sprich:

„Ich bin bereit, meine Seele für die Einhornheilung zu öffnen und bitte mein Hohes Selbst um Führung.

Mögen die Einhörner die Spuren in meiner Seele, die meinem Leben nicht mehr dienlich sind, mit Hilfe der Engel der Heilung zuführen.

Mir ist bewusst, was ich in meinem Leben noch verwirklichen will, und ich bin bereit, alles dafür Notwendige zu tun.

Verletzungen, Kränkungen und Schuldgefühle, die ich erfahren und mir selbst und anderen zugefügt habe, bitte ich, mit göttlicher Hilfe im Licht zu transformieren.

Ich vergebe von Herzen und gestehe anderen Menschen ihre Eigenständigkeit zu!

Ich bin bereit, meine Bestimmung anzunehmen.

Ich bin bereit zur Veränderung, auch wenn es bedeutet, Altes hinter mir zu lassen.

Ich danke für die Sternenenergie, die mir durch das Horn meines Einhorns geschenkt wird.

Ich danke meinem Höheren Selbst für die Führung, und ich bedanke mich bei Erzengel Michael und meinen Schutzengeln.

Ich bin bereit! Ich bin bereit! Ich bin bereit!

Danke!"

Spüre dem Frieden nach, der in dir Einzug gehalten hat, atme tief durch und komme langsam ins Hier und Jetzt zurück.

Botschaft von Erzengel Michael: *Seelenfrieden*

Viele spüren ein Drängen nach etwas, dem sie keinen bestimmten Namen geben können. Es ist eine Ahnung, dass sich eine neue Welt aufgetan hat, die nur darauf wartet, dass die Koffer gepackt werden und jeder bereit ist, leichten Herzens wegzuziehen. Nicht mehr an Altem festzuhalten, weil dies immer so war, sondern den Mut aufzubringen, den Sprung über den Graben zu wagen, ohne mit den physischen Augen zu sehen, was dahinter ist. Das, geliebter Mensch, ist Vertrauen.

Auch du spürst immer öfter, dass es keinen Rückweg mehr gibt, denn das Leben selbst treibt dich voran in deine Meisterschaft. Zu deinem Erwachen und dem Aufstieg in die Neue Zeit.

In deinen Zellen werden Kodes aktiviert, und der Klang des Universums durchdringt dich. Deine Zellen reagieren darauf und gehen in Resonanz mit den hohen Schwingungen, die sich in deinem Sein verankern.

Geliebter Mensch, lass dich führen vom Klang des Universums, vom Licht deiner Engel und vom Sternenlicht. Wisse, dass du geführt bist, und wenn dein Vertrauen in die göttliche Führung groß genug ist, kannst du bedenkenlos deine Kontrollhaltung dem göttlichen Licht übergeben.

Erlaube dir, im Frieden deiner Seele die Veränderung

anzunehmen, die Teil des Weges ist, den du eingeschlagen hast, um die Heilung deiner Seele voranzutreiben. Alles ist im stetigen Wandel, und auch dir wird mehr und mehr bewusst, dass dein gewohntes Selbstbild nicht mehr den veränderten Energien entspricht.

Höre auf deine Seele. Spüre dem Frieden deiner Seele nach. Dies ist der schnellste Weg, um wahrhaft Heilung zu erfahren, um in deiner Mitte zu ruhen und im Frieden deiner Seele zu neuem Leben zu erwachen. Einem Leben, in dem dein Herz zum Licht emporgehoben wird, um mit Allem-was-ist verbunden zu werden.

Gib deiner Seele die Freiheit, die Grenzenlosigkeit, die sie ist, auch ausdrücken zu dürfen. Zu jenem Frieden, der Seelenfrieden genannt wird. Wann immer du dich mit deiner Seele verbindest, suche den Raum des Friedens auf, um dich zu stabilisieren und zu stärken.

AMEN

☆☆

Ehe du die nächste Stufe in Angriff nimmst, spüre den lichtvollen Energien nach, die auf der vierten Stufe in dich eingeflossen sind. Fühle, was du bei den Worten von Erzengel Michael empfunden hast.

Fühlst du dich stark genug, Eigenverantwortung zu übernehmen? Ist dir bewusst, dass du dein Denken jederzeit umstellen und niemand anderen mehr für deine Probleme verantwortlich machen kannst?

Willst du einzig und allein die Gefühle deines Herzens und deiner Seele zum Maßstab dessen werden lassen, was du in deinem Leben verändern willst?

Spüre dem nach!

Wenn du das Bedürfnis hast, das Erlebte niederzuschreiben, dann tue es jetzt. Du weißt, dass du die Empfindungen so nicht wieder erleben wirst, denn sie sind auf jeder Stufe anders. Das Schreiben wird dir helfen, den Fortschritt deiner Seelenklärung zu erkennen, wenn du dieses Ritual öfter machst.

Und vergiss nicht, einige Zeit in die freie Natur zu gehen, da du dort das Erlebte noch besser integrieren kannst, als dies vielleicht momentan der Fall ist.

Im Frieden der Natur kannst du die Einhornenergie fühlen und deiner Seelenverbindung zu den Wesen der Bäume, Pflanzen und Elementare nachspüren.

Fünfte Stufe:
Bist du bereit, göttliche Führung zuzulassen?

Nun tritt auf die fünfte Stufe der goldenen Pyramide.

Schließe deine Augen und atme eine Weile in dein Herzzentrum, bis du innerlich ruhig geworden bist.

Bitte dein Höheres Selbst, dich zu führen, und freue dich, dass deine Schutzengel wieder an deiner Seite stehen. Umgib dich mit einer Aura strahlend weißen Lichts, damit die reine Energie deines Einhorns hineinkann, und lass deine Wurzeln sich mit dem Erdkanal verbinden, damit du geerdet bist.

Du gibst innerlich deine Zustimmung, mit Hilfe der Engel- und Einhornenergie Heilung für deine Seele zuzulassen.

Steige in Begleitung deines Einhorns und der Schutzengel auf die fünfte Stufe der goldenen Pyramide, auf der Erzengel Zadkiel dich erwartet. Zadkiel kann dir helfen, deine spirituelle Wahrheit herauszufinden. In seinem Licht erkennst du, wer du bist und noch werden kannst. Bitte Erzengel Zadkiel, dir zu helfen, deine Einstellung zum Leben auf eine höhere Ebene zu stellen und deine Motive, finanzielle und persönliche Unsicherheit betreffend, nicht zuzulassen.

Erzengel Zadkiels Energie möchte dir innere und äußere Freiheit schenken. Das kann er tun, wenn du die volle Verantwortung für dein Denken und Handeln übernimmst, wie du es auf der vierten Stufe erfahren hast. Seine Energie ist die des Wachsens, des Sich-Entfaltens und der grenzenlosen Freiheit. Göttliche Führung hilft dir, diese Energien in dich aufzunehmen.

Göttliche Führung kann dir in allen Bereichen deines Lebens immer rechtzeitig ins Bewusstsein bringen, wann und wie du deine nächsten Schritte setzen sollst. Göttliche Führung kann dir neue Türen öffnen und wird dazu beitragen, dass du neue Menschen kennenlernst, die mit deiner Energieschwingung in Harmonie sind. Göttliche Führung beeinflusst dein Denken und Handeln und hilft dir, durch selbstloses Dienen im Einklang mit deiner Göttlichkeit zu sein.

Aus dem Horn deines Einhorns fließt immer mehr Sternenkraft in dich und transformiert die Energien, die dein Seelenwachstum blockieren. All das ist Teil des Aufstiegs deiner Seele, deines Bewusstseins und deiner Herzöffnung. Dinge, die schon seit vielen Leben in deiner Seele verborgen gehalten werden, drängen nun an die Oberfläche und sind im Prozess der Durchleuchtung. Das geschieht zum Teil mit sehr großer Kraft und kann dich erschrecken. Doch wisse, es ist ein notwendiger Teil der Seelenheilung.

Diese Aufarbeitung gibt dir die Möglichkeit, dich für das Licht, die Liebe und somit für die göttliche Führung zu entscheiden.

Kannst du diese Entscheidung treffen?
Willst du diese Entscheidung treffen?

Erzengel Zadkiel hebt segnend seine Hände. Seine Liebe, seine Energie der Barmherzigkeit, der Vergebung, der Umwandlung und Erlösung fließen in dich, erfüllen alle deine Körper und richten dein Bewusstsein auf das Große Ganze. Er schenkt dir Seelenfrieden.

Fühle diesen Prozess der Liebe, der Energie der Barmherzigkeit, der Vergebung, der Umwandlung und der Erlösung. Fühle den Frieden, der sich in dir auszubreiten beginnt.

Du hast dich auf die Energien der fünften Stufe eingestimmt. Dein Einhorn ist bereit, deine Seelenheilung mit seinem Sternenlicht zu unterstützen, und deine Engel warten darauf, die aufgelösten Energien mit ihrem Licht zu transformieren.

Anschließend wird dein Einhorn wieder die Lücke, die durch das Herauslösen belastender Energie entstanden ist, mit dem Heilungslicht deiner Sternenheimat auffüllen.

Erzengel Zadkiel fragt dich, ob du bereit bist, göttliche

Führung zuzulassen, und er bittet dich, in dich zu gehen, um die Antwort in deinem Herzen zu finden.

Währenddessen legt dein Einhorn ein kristallines Netz um deine Brust und verankert es in deinem Herzzentrum.

Mit jedem Atemzug verstärkt sich das Gefühl tiefen Friedens in dir, und du spürst die Liebe zu Allem-was-ist.

Du hast deine Entscheidung getroffen.

Wenn du noch nicht bereit bist, weiterzugehen, folge deinem Einhorn, das dich zum Einhorngarten bringt, in dem du Seelenheilung in deinem dir eigenen Tempo erfährst.

Bist du jedoch bereit, die nächste Stufe in Angriff zu nehmen, suche in Begleitung deines Höheren Selbst, deiner Schutzengel, deines Einhorns und von Erzengel Zadkiel den Platz vor den Toren deiner Seele auf, an dem du das Ritual ablegen möchtest. Dieser Platz ist dein heiliger Ort, dein Seelentempel des Friedens und des Lichts, an dem deine Begleiter wieder zu Zeugen deines Rituals werden.

Sprich:

„Ich bin bereit, meine Seele für die Einhornheilung zu öffnen und bitte mein Hohes Selbst um Führung.

Mögen die Einhörner die Spuren in meiner Seele, die meinem Leben nicht mehr dienlich sind, mit Hilfe der Engel der Heilung zuführen.

Mir ist bewusst, was ich in meinem Leben noch verwirklichen will, und ich bin bereit, alles dafür Notwendige zu tun.

Verletzungen, Kränkungen und Schuldgefühle, die ich erfahren und mir selbst und anderen Menschen zugefügt habe, bitte ich, mit göttlicher Hilfe im Licht zu transformieren.

Ich vergebe von Herzen und gestehe anderen Menschen ihre Eigenständigkeit zu!

Ich bin bereit, meine Bestimmung anzunehmen.

Ich bin bereit zur Veränderung, auch wenn es bedeutet, Altes hinter mir zu lassen.

Ich bin bereit, göttliche Führung zuzulassen und egogesteuerte Alleingänge mit göttlicher Hilfe ins Licht zu transformieren.

Ich danke für die Sternenenergie, die mir durch das Horn meines Einhorns geschenkt wird.

Ich danke meinem Hohen Selbst für die Führung,

und ich bedanke mich bei Erzengel Zadkiel und mei-
nen Schutzengeln.

Ich bin bereit! Ich bin bereit! Ich bin bereit!

Danke!"

Spüre dem Frieden nach, der in dir Einzug gehalten hat, atme tief durch und komme langsam ins Hier und Jetzt zurück.

Botschaft von Erzengel Zadkiel: *Seelenführung*

Der Wunsch nach Veränderung entspricht der Energie des Wandels. Im Leben der Menschen ist alles dieser Energie untergeordnet, doch nicht alle geben ihrer tiefen Sehnsucht nach. Sehr oft hindert Angst sie, ihre Wünsche nach etwas Neuem umzusetzen.

Immer öfter besiegst du die Angst, die natürlich auch in dir ist. Doch wenn es für dich nicht passend wäre, würdest du dieses Bedürfnis nach Veränderung nicht so massiv in dir verspüren. Du fühlst aber auch, dass deine Seele dich drängt, aus dem Gefängnis dieses Denkens auszusteigen. Du weißt, dass du aus dem Geistigen geführt bist. Auch wenn sich göttliche Führung manches Mal für dich unverständlich oder schmerzvoll anfühlen mag, geschieht es nur, um dir eine weitere Erfahrung in Liebe zukommen zu lassen.

Du lernst aus Liebe.
Du lernst, um die Liebe in der Angst zu erkennen, und du lernst, dich durch Liebe zu erfahren.

Veränderung ist immer zu begrüßen und umzusetzen.

Wie fühlt sich Seelenführung für dich an? Geht dir dabei das Herz auf? Was sagt deine innere Stimme zu Veränderung?

Wenn du die Fragen eindeutig positiv beantworten kannst, bist du auf dem richtigen Weg. Veränderung, ob räumlicher oder intellektueller Art, sollte immer mit deiner inneren Zustimmung erfolgen. Wenn sich etwas in deinem Herzen gut anfühlt, bedeutet das, dass du in Übereinstimmung mit deiner Seele bist.

Du bist mitten im Aufstiegsweg, der dich in ein neues Zeitalter des Denkens, des Wissens und des neuen Handelns führt. Du fühlst immer öfter, dass viele Dinge des täglichen Lebens von Engelhand geführt werden.

Freue dich über die göttliche Führung, die dein Leben in so glückliche Bahnen lenkt.

Gemeinsam drücken wir Gott aus und dienen ihm mit all unserer Kraft. Gesegnet ist der Tag, an dem Menschen bereit sind, Seelenführung zuzulassen.

AMEN

☆☆

Ehe du die nächste Stufe in Angriff nimmst, spüre den lichtvollen Energien nach, die auf der fünften Stufe in dich eingeflossen sind. Fühle, was du bei den Worten von Erzengel Zadkiel empfunden hast.

Kannst du damit umgehen, dass Dinge, die seit vielen

Leben in deiner Seele verborgen gehalten werden, nun an die Oberfläche drängen, weil sie sich im Prozess der Durchleuchtung befinden? Da dies zum Teil mit sehr großer Kraft geschieht, kann es dich erschrecken, doch wisse, es ist ein notwendiger Teil der Seelenheilung für jeden, der sich für göttliche Führung entschieden hat.

Ich bitte dich wiederum, das Erlebte niederzuschreiben, Die Empfindungen sind auf jeder Stufe anders, doch sie können dir helfen, den Fortschritt deiner Seelenklärung zu erkennen, wenn du dieses Ritual öfter machst.

Danach gehe einige Zeit in die freie Natur, um dort das Erlebte noch besser integrieren zu können.

Im Frieden der Natur spürst du dein Einhorn, und wenn du dich ganz auf sein Licht einlässt, wirst du noch viele andere Einhörner um dich herum wahrnehmen, denn sie sind stets in der Nähe lichtvoller Menschen zu finden, die mit offenem Herzen sehen.

Sechste Stufe:

Hast du den Mut, zu deinem neuen Leben zu stehen?

Nun tritt auf die sechste Stufe der goldenen Pyramide.

Schließe deine Augen und atme eine Weile in dein Herzzentrum, bis du innerlich ruhig geworden bist.

Bitte dein Höheres Selbst, dich zu führen, und freue dich, dass deine Schutzengel wieder an deiner Seite stehen. Umgib dich mit einer Aura strahlend weißen Lichts, damit die reine Energie deines Einhorns hineinkann, und lass deine Wurzeln sich mit dem Erdkanal verbinden, damit du geerdet bist.

Du gibst innerlich deine Zustimmung, mit Hilfe der Engel- und Einhornenergie Heilung für deine Seele zuzulassen.

Du steigst in Begleitung deines Einhorns und der Schutzengel auf die sechste Stufe der goldenen Pyramide, auf der Erzengel Raphael dich schon erwartet.

Raphael ist der Heiler für Körper, Seele und Geist. Er kann dir helfen, deine Berufung zu erkennen und wird dich auf deiner Reise zur Selbstbestimmung und zum Ausdruck deines wahren Selbst begleiten.

Wenn du ihn bittest, wird er dir seine Unterstützung gewähren, indem er dir hilft, die wahren Mangelzustände deiner Seele zu erkennen und das Licht deiner Seele zum Strahlen zu bringen.

Du hast auf den vergangenen Stufen mit der Hilfe des Einhornlichts und göttlicher Lichtwesen bereits einiges in deiner Seele aufgeräumt. Dies wird sich in deinem Ausdruck, in deinem Tun und Handeln bemerkbar machen und vielleicht in deinem Umfeld dazu führen, dass du nicht verstanden wirst, denn bis jetzt war man von dir gewohnt, dass du dich den Denkweisen der anderen angeschlossen hast. Jemand, der sich nicht ausgeschlossen hat, wenn es darum ging, über andere Menschen zu urteilen und ihre Handlungen zu bewerten. Das wird dir keine Freude mehr bereiten, denn du weißt inzwischen, dass diese Form der Beurteilung deine Energie schwächt und deine Schwingung herabsetzt.

Du bist jetzt auf dem Weg zum Aufstieg. Du hast alte Verletzungen, Kränkungen und Schuldgefühle losgelassen und bist bereit, deine Bestimmung zu leben und Altes hinter dir zu lassen. Du bist auch bereit, dich der göttlichen Führung anzuvertrauen. All dies führt dazu, dass du nun aufgefordert bist, zu diesen Veränderungen zu stehen, sie auch sichtbar in deinem Leben auszudrücken. Das bedeutet für dich manches Mal eine Kraftanstrengung, doch hast du alle Hilfe, die du benötigst, um auch diesen nächsten Schritt zu meistern.

Erzengel Raphael stärkt dich mit seinem grünen Licht. Er hilft dir, göttliche Visionen zu empfangen und er inspiriert dich, deine Seele für die Natur zu öffnen. Er ist der Führer aller Luft- und Naturwesen, und mit seiner Hilfe kannst du leichter mit ihnen Kontakt aufnehmen.

Die Wesen der Natur helfen dir, den Mut zu entwickeln, um deine Veränderung sichtbar zu leben, sie aller Welt zu zeigen. Es wird dir manches Mal so vorkommen, als ob du dich ohne deine schützenden Kleider deinem Umfeld präsentieren sollst. Eine Zeit lang wirst du dich deiner gewohnten Sicherheit beraubt fühlen, das Befremden und das Unverständnis zu spüren bekommen, das dir von manchen Seiten entgegengebracht wird, doch dein Herz weiß, dass du durch diese Prüfung deiner Gefühle musst, willst du zu deiner inneren Wandlung stehen.

Du bist in dieser schwierigen Zeit aufgefordert, nicht mehr nur im stillen Kämmerlein an deiner Bewusstwerdung zu arbeiten, sondern es ist notwendig, deine lichtvollen Energien mit anderen zu teilen, die dasselbe Ziel haben: die Liebe in die Welt zu tragen.

Gemeinsam könnt ihr das bewirken, was zu einem globalen Bewusstseinssprung führen wird. Das muss sein, will der Planet samt seinen Bewohnen in die höhere Schwingungsdimension aufsteigen. In der Fünften Dimension ist es selbstverständlich, aus dem Herzen zu leben und zu handeln, dort werden Herz und Hirn eine Einheit sein, und es wird auf die innere Stimme – das Sprachrohr des Hohen Selbst – gehört.

Damit es zu diesem Aufstieg kommen kann, ist es unerlässlich, zu den Gefühlen deines Herzens zu stehen. Sie auszudrücken, auch wenn Zweifel, Ängste oder dein Umfeld dich daran hindern wollen.

Hast du den Mut, zu dem zu stehen, was dein Herz dir sagt?

Du hast dich auf die Energien der sechsten Stufe eingestimmt. Dein Einhorn ist bereit, deine Seelenheilung mit seinem Sternenlicht zu unterstützen, und deine Engel warten darauf, die aufgelösten Energien mit ihrem Licht zu transformieren.

Anschließend wird dein Einhorn wieder die Lücke, die durch das Herauslösen belastender Energie entstanden ist, mit dem Heilungslicht deiner Sternenheimat auffüllen.

Erzengel Raphael hebt segnend seine Hände, und seine Liebe, seine Energie des Gleichgewichts und der Wahrheit fließen in dich, erfüllen alle deine Körper und stärken deinen Mut und die Fähigkeit, Dinge durch Visualisation zu erschaffen.

Fühle diesen Prozess der Liebe und den Frieden, der sich in dir auszubreiten beginnt.

Erzengel Raphael fragt dich, ob du den Mut aufbringst, zu deinem neuen Leben zu stehen und bittet dich, die Antwort in deinem Herzen zu finden.

Mit jedem Atemzug verstärkt sich das Gefühl der Kraft in dir, und du bist bereit, eine Entscheidung zu treffen.

Du weißt, dass, wenn du noch nicht bereit zum Weitergehen bist, du deinem Einhorn folgen kannst, das dich zum Einhorngarten bringt, in dem du Seelenheilung in deinem dir eigenen Tempo erfährst, so, wie es für dich stimmig und annehmbar ist.

Bist du jedoch bereit, die nächste Stufe in Angriff zu nehmen, suche in Begleitung deines Höheren Selbst, deiner Schutzengel, deines Einhorns und von Erzengel Raphael den Platz vor den Toren deiner Seele auf, an dem du das Ritual ablegen möchtest. Dieser Platz ist dein heiliger Ort, dein Seelentempel des Friedens und des Lichts, an dem deine Begleiter wieder zu Zeugen deines Rituals werden.

Sprich:

„Ich bin bereit, meine Seele für die Einhornheilung zu öffnen, und bitte mein Hohes Selbst um Führung.

Mögen die Einhörner die Spuren in meiner Seele, die meinem Leben nicht mehr dienlich sind, mit Hilfe der Engel der Heilung zuführen.

Mir ist bewusst, was ich in meinem Leben noch verwirklichen will, und ich bin bereit, alles dafür Notwendige zu tun.

Verletzungen, Kränkungen und Schuldgefühle, die ich erfahren und mir selbst und anderen Menschen zugefügt habe, bitte ich, mit göttlicher Hilfe im Licht zu transformieren.

Ich vergebe von Herzen und gestehe anderen Menschen ihre Eigenständigkeit zu!

Ich bin bereit, meine Bestimmung anzunehmen.

Ich bin bereit zur Veränderung, auch wenn es bedeutet, Altes hinter mir zu lassen.

Ich bin bereit, göttliche Führung zuzulassen und egogesteuerte Alleingänge mit göttlicher Hilfe ins Licht zu transformieren.

Ich bin bereit, den Mut zu entwickeln, der notwendig ist, um zu meinem neuen Leben zu stehen.

Ich danke für die Sternenenergie, die mir durch das Horn meines Einhorns geschenkt wird. Ich danke meinem Hohen Selbst für die Führung, und ich bedanke mich bei Erzengel Raphael und meinen Schutzengeln.

Ich bin bereit! Ich bin bereit! Ich bin bereit!

Danke!"

Spüre dem Frieden nach, der in dir Einzug gehalten hat, atme einige Male tief durch und komme langsam ins Hier und Jetzt zurück.

Botschaft von Erzengel Raphael: *Seelenlicht*

Licht ist Leben, Hoffnung, Freude und Inspiration. Licht ist göttliche Essenz, die in jedem Menschen verankert ist und ihn eines Tages wieder nach Hause führt.

Die Erkenntnis, dass das Licht in deiner Seele dich mit dem Schöpfer und der gesamten Schöpfung verbindet, bringt einen Neuanfang mit sich, der unweigerlich zu Veränderung führt. Diese Veränderung ist nicht bei allen Menschen gleich. Bei manchen wird sie subtil geschehen, bei anderen wird sie sich wie ein Feuerwerk bemerkbar machen.

Du bist auf einer Stufe geistiger Bewusstwerdung angekommen, auf der dir klar wird, dass jede Zustimmung für den Seelenweg dich deinem Aufstieg näherbringt. Einem Aufstieg im Denken und Handeln, im Fühlen und Begreifen, der Ausdruck der Fünften Dimension ist. Deine innere Bereitschaft, das Ritual der Neun-Stufen-Seelenheilung mit deinem ganzen Herzen zu unterstützen, ist der Schlüssel für alles, was dadurch geschehen kann. Beginne das Ausmaß der Freude und des Friedens zu erahnen, auf das du dich immer mehr hinbewegst.

Wir bitten dich auch, dich der Belange der Elemente und Naturgeister anzunehmen. Bringe den Menschen vermehrt ins Bewusstsein, dass sie von unzähligen Geistwesen umgeben sind.

Sie alle sind lebendige Energie, geschaffen aus dem Licht, aus dem wir alle hervorgegangen sind. Die Elementarwesen sind kraftvolle Energien, die dazu beitragen, das Gleichgewicht auf eurem Planeten zu halten – eine äußerst verantwortungsvolle Aufgabe, die ihre ganze Kraft benötigt. Bedenke, wie viel der Mensch zerstört. Die Wasser-, Erd-, Luft- und Feuerwesen regulieren das Gleichgewicht, aber sie werden nicht gehört. Dabei könnten die Menschen, wenn sie die Zusammenarbeit mit ihnen suchen würden, unermesslich davon profitieren.

Doch der Mensch versteht nicht immer, dass sich die Kräfte der Elemente nach langem geduldigen Warten einfach Bahn brechen müssen. Für euch sind das Katastrophen, von denen ihr euch heimgesucht fühlt. Ihr steht Überschwemmungen, Vulkanausbrüchen, Erdbeben und Hurrikans machtlos gegenüber und könnt nicht begreifen, weshalb es gerade in eurem Umfeld geschieht.

Doch es passiert, weil der Mensch verlernt hat, die Geschenke der Natur mit Demut und Dankbarkeit anzunehmen. Globale Krisen und Katastrophen spiegeln nur eure Denkweisen und Handlungen wider.

Macht euch die Kraft der Element- und Naturgeister zu eigen. Lernt, umzudenken. Verehrt die Natur, die um und in euch ist, als heiligen Atem Gottes, der lenkt und lebt.

Erkennt, dass ihr Teil seid von Allem-was-ist.

Die Wesen der Naturreiche könnten die Menschen beim Bepflanzen, Bebauen und Verwalten ihrer Lebensgrundlagen unterstützen, und dieses würde im gegenseitigen Nehmen und Geben harmonisch geschehen, denn in der Schöpfung gibt es keine Trennung, diese besteht nur im Denken der Menschen.

Geliebter Mensch, fühle die Einheit mit Mutter Erde. Fühle, wie sie kraftvoll dein Sein erfüllt und umschmeichelt. Fühle die zarten Berührungen der Naturwesen, die um dich sind, wenn du dein Herz für sie öffnest. Es ist das Licht deiner Seele, von dem sie angezogen werden.

Heiße sie in deinem Leben willkommen. Antworte ihnen mit der Sprache deines Herzens und verbinde dein Seelenlicht mit dem ihren zu einem gemeinsamen Licht, auf dass es zu einem Leuchtturm für andere Menschen wird.

AMEN!

Ehe du die nächste Stufe in Angriff nimmst, spüre den lichtvollen Energien nach, die auf der sechsten Stufe in dich eingeflossen sind. Fühle, was du bei den Worten von Erzengel Raphael empfunden hast.

Konntest du den grünen Heilungsstrahl Erzengel Raphaels spüren? Wurde dir eine Vision geschenkt, wie du dein Licht in die Welt tragen kannst? Konnte dich seine Botschaft motivieren, in Zukunft mit offenen Augen und einem fühlenden Herzen unterwegs zu sein, um mit den Wesen der Natur in Kontakt zu kommen?

Schreibe deine Empfindungen nieder, denn sie sind wieder anders als auf den vorigen Stufen. Es wird dir helfen, den Fortschritt deiner Seelenklärung zu erkennen, wenn du dieses Ritual öfter machst.

Integriere das Erlebte in der freien Natur. Atme das Leben um dich herum bewusst ein. Spüre der Einhornenergie nach und versuche, dich auf einen ganz besonderen Naturgeist einzustimmen, der vielleicht eine persönliche Botschaft für dich hat.

Unter einem Nussbaum stehend, spürte ich eine kraftvolle weibliche Energie, die mich zu folgenden Zeilen inspirierte:

Bin gekommen mit offenem Herzen,
dich zu finden,
dich, die du dir diesen Platz erwähltest.
Gar lange schon,
unendlich lange,
breitet deine Energie den Mantel der Erkenntnis aus,
hüllt Ort und Menschen darin ein,

lässt sie leben und fühlend sein.
Der Pulsschlag der Zeit
ist an deinen Narben zu sehen.
Sie erzählen Geschichten von Menschen
und Mächten,
vom Werden und Vergehen.
Nichts hat Bestand,
und doch:
Dich gibt es so lange schon.
Bist eine weise, alte Kraft,
die sich diesen Ort frei erwählt.
Sehe manches Mal dein Gesicht
am Stamm des Baumes – kurz,
und nur für geübte Augen sichtbar,
dann, wenn Realität nicht zählt.
Mit deinen Zweigen spielt der Wind,
jauchzt und stöhnt,
flüsternd spricht.
Ist es seine Stimme, oder bist du es selbst,
erkennbar ist es für mich nicht.
Doch wenn ich deinen Stamm umfasse,
mein Gesicht an deine Rinde lege,
spüre ich dich mit allen Sinnen.
Mein Bewusstsein weitet sich aus,
wird frei und unbegrenzt.
Es gibt keine Trennung mehr,
nur das ewige Jetzt.

Siebte Stufe:
Bist du bereit, deine Schöpferkraft auszudrücken?

Nun tritt auf die siebte Stufe der goldenen Pyramide.

Schließe deine Augen und atme eine Weile in dein Herzzentrum, bis du innerlich ruhig geworden bist.

Bitte dein Höheres Selbst, dich zu führen, und freue dich, dass deine Schutzengel wieder an deiner Seite stehen. Umgib dich mit einer Aura strahlend weißen Lichts, damit die reine Energie deines Einhorns hinein kann, und lass deine Wurzeln sich mit dem Erdkanal verbinden, damit du geerdet bist.

Du gibst innerlich deine Zustimmung, mit Hilfe der Engel- und Einhornenergie Heilung für deine Seele zuzulassen.

Du steigst in Begleitung deines Einhorns und der Schutzengel auf die siebte Stufe der goldenen Pyramide, auf der Mutter Maria auf dich wartet und dir Seelenfreude ins Herz pflanzt.

Die Gottesmutter arbeitet mit den Engeln und Einhörnern am göttlichen Plan. Sie macht dich darauf aufmerksam, dass deine Seele die göttliche Kraft besitzt, alles zu veredeln, was in dein Leben kommt. Sie bittet dich, Dinge und Menschen zu segnen, die in dein Leben kommen, ob sie dir nun willkommen sind oder nicht. Sie fordert dich eindringlich auf, deine Schritte zu segnen, wohin sie dich auch führen mögen, und deine Nahrung zu segnen, auf dass sie deinen Körper stärke. Lass alles, womit du dich umgibst, zu einem Segen für dich werden. Segne vor allem deinen Ausdruck und die Schöpferkraft, die in dir ist.

Mutter Maria bringt dir ins Bewusstsein, dass zu den Kräften des Lichts Freude, Glücklichsein und Schöpferkraft gehören. Sie sind – wie die Liebe – Eckpfeiler der Schöpfung. Freude war einer der primären Gründe, weshalb Gott den Menschen erschaffen hat.

In diesen Zeiten der Hektik und globaler Umwandlung bleiben Freude und Schöpferkraft zu oft auf der Strecke, wodurch es dir an Glück mangelt.

Dabei öffnet gerade diese Emotion dein Herz und deine Seele und macht sie zugänglich für den Ausdruck deiner Schöpferkraft. Dein Potenzial schöpferischen Denkens ist unbegrenzt, wenn du an deine Größe glaubst.

Schöpferkraft kannst du in alle Bereiche deines Lebens einfließen lassen. Im Bewusstseinswandel brauchst du die Unterstützung und Bestätigung anderer Menschen nicht mehr, diese machen dich nur abhängig. Du hast es selbst in der Hand, das Licht in dir zu einer immer größer werdenden Flamme der Liebe und Schöpferkraft anzufachen und dich von diesem Licht führen zu lassen.

Das Erkennen deines Lichts wird dich zu neuen Dingen inspirieren und dir Menschen zuführen, mit deren Energie du im Gleichklang bist. Du kannst dich ihrer Gemeinschaft anschließen und dich mit deinem Ideenreichtum schöpferisch an der Gestaltung der Welt beteiligen. Eine Welt, die frei von Angst, Krieg, Unterdrückung und Egohandlungen sein wird.

Bist du bereit, deine Schöpferkraft auf diese Weise auszudrücken?

Du hast dich auf die Energien der sechsten Stufe eingestimmt. Dein Einhorn ist bereit, deine Seelenheilung mit seinem Sternenlicht zu unterstützen, und deine Engel warten darauf, die aufgelösten Energien mit ihrem Licht zu transformieren. Anschließend wird dein Einhorn wieder die Lücke, die durch das Herauslösen belastender Energie entstanden ist, mit dem Heilungslicht deiner Sternenheimat auffüllen.

Die Gottesmutter hebt segnend ihre Hände, und ihre Liebe, ihre Mütterlichkeit, ihre Barmherzigkeit, ihr Mitgefühl und ihre Gnade fließen in dich ein. Diese Energien erfüllen alle deine Körper, stärken deine Schöpferkraft, die dein Leben so wunderbar verändern kann, und lassen die Freude deiner Seele zutage treten.

Lebe deine Visionen, um Zeugnis von deinem Wachstum abzugeben und der Welt zu zeigen, dass göttliche Schöpferkraft fähig ist, Licht in Gebiete zu bringen, in denen es unterdrückt wird. Entfache die Flamme deiner Kraft und fühle, wie dein Licht und deine Bereitschaft dich mit allen deinen Chakren verbinden, sodass es in dir leuchtet und du Ursache und Wirkung mit neuer Klarheit zu erkennen beginnst.

Fühle diesen Prozess der Aktivierung deiner Schöpferkraft, der sich in dir auszubreiten beginnt.

Mutter Maria fragt dich, ob du bereit bist, deine Schöpferkraft zu leben. Sie bittet dich, in dich zu gehen, um die Antwort in deinem Herzen zu finden.

Du weißt, wenn du noch nicht bereit zum Weitergehen bist, dass du deinem Einhorn folgen kannst, das dich zum Einhorngarten bringt, in dem du Seelenheilung in deinem dir eigenen Tempo erfährst, so, wie es für dich stimmig und annehmbar ist.

Willst du jedoch die nächste Stufe in Angriff nehmen, suche in Begleitung deines Höheren Selbst, deiner Schutzengel, deines Einhorns und der göttlichen Mutter den Platz vor den Toren deiner Seele auf, an dem du das Ritual ablegen möchtest. Dieser Platz ist dein heiliger Ort, dein Seelentempel des Friedens und des Lichts, an dem deine Begleiter wieder zu Zeugen deines Rituals werden.

Sprich:

„Ich bin bereit, meine Seele für die Einhornheilung zu öffnen und bitte mein Hohes Selbst um Führung.

Mögen die Einhörner die Spuren in meiner Seele, die meinem Leben nicht mehr dienlich sind, mit Hilfe der Engel der Heilung zuführen.

Mir ist bewusst, was ich in meinem Leben noch verwirklichen will, und ich bin bereit, alles dafür Notwendige zu tun.

Verletzungen, Kränkungen und Schuldgefühle, die ich erfahren und mir selbst und anderen Menschen zugefügt habe, bitte ich, mit göttlicher Hilfe im Licht zu transformieren.

Ich vergebe von Herzen und gestehe anderen Menschen ihre Eigenständigkeit zu!

Ich bin bereit, meine Bestimmung anzunehmen.

Ich bin bereit zur Veränderung, auch wenn es bedeutet, Altes hinter mir zu lassen.

Ich bin bereit, göttliche Führung zuzulassen und egogesteuerte Alleingänge mit göttlicher Hilfe ins Licht zu transformieren.

Ich bin bereit, den Mut zu entwickeln, der notwendig ist, um zu meinem neuen Leben zu stehen.

Ich bin bereit, meine Schöpferkraft auszudrücken.

Ich danke für die Sternenenergie, die mir durch das Horn meines Einhorns geschenkt wird.

Ich danke meinem Hohen Selbst für die Führung, ich bedanke mich bei Mutter Maria und meinen Schutzengeln.

Ich bin bereit! Ich bin bereit! Ich bin bereit!

Danke!"

Spüre dem Frieden nach, der in dir Einzug gehalten hat, atme tief durch und komme langsam wieder ins Hier und Jetzt zurück.

Botschaft von Mutter Maria: *Seelenfreude*

Sei willkommen!

*Dein Aufstieg in höhere Energieschwingungen voll-
zieht sich gerade. Du befindest dich mitten im Prozess der
Erleuchtung, wie Menschen diese Frequenzerhöhung be-
zeichnen.*

*Der Lichtweg ist ein Weg des Verständnisses, des
Lehrens und der immerwährenden Erkenntnis, dass du
eins mit allem bist. Du warst nie getrennt von der Schöpfung, und du bist nie getrennt vom Vater.*

*Dein Ausflug ins Erdendasein dient nicht nur deinem
Weiterkommen, sondern verhilft vielen anderen Wesen-
heiten dazu, den Heimweg anzutreten.*

Lehre, wirke und sei Vorbild!

*Gib das, was an Wissen in dir aktiviert ist, an jene wei-
ter, die dir zugeführt werden.*

*Du bist Teil zweier Welten, der unsrigen und der euri-
gen. Verbinde sie zu einer gemeinsamen. Lebe die Groß-
zügigkeit deines Herzens anderen vor, damit sie motiviert
werden, es dir gleichzutun.*

Es ist die Kraft der Freude, die dich schöpferisch sein

lässt. Es ist die Kraft deiner Seele, die dich grenzenlos und unabhängig sein lässt. Es ist die Kraft deines Herzens, die deine Visionen Wirklichkeit werden lässt.

Der Segen des Allmächtigen sei mit dir!

☆☆

Ehe du die achte Stufe in Angriff nimmst, spüre den lichtvollen Energien nach, die auf der siebten Stufe in dich eingeflossen sind. Fühle, was du bei den Worten von Mutter Maria empfunden hast.

Beginnst du, mit der Hilfe der göttlichen Mutter Ursache und Wirkung mit neuer Klarheit zu erkennen? Kannst du dich frohen Herzens Gleichgesinnten anschließen, die sich schöpferisch an der Gestaltung einer neuen, friedlichen Welt beteiligen?

Wirst du es schaffen, deine Schritte zu segnen, wohin sie dich auch führen mögen?

Kannst du deinen Ausdruck und die Schöpferkraft, die in dir ist, anerkennen und dich daran erfreuen?

Hast du die mütterliche Energie der Gottesmutter gespürt, die dein Sein eingehüllt hat? Ihr Mitgefühl als sanften Hauch gefühlt, der über dein Gesicht gestrichen ist?

Bist du bereit, deine Schöpferkraft in freudigem Ausdruck zu leben und dein Potenzial zu erkennen, das weit größer ist, als du bisher geglaubt hast?

Willst du dich mit deinem Licht an einer Welt, frei von Angst und Unterdrückung, beteiligen?

Es ist so einfach, du brauchst damit nur in deinem Umfeld zu beginnen. Lebe die Liebe der Mutter und die Freude an der Natur deiner Familie vor. Es wird sich von dort aus verbreiten, und immer mehr Menschen werden sich dem geänderten Denken anschließen. Immer mehr Lichter werden zu strahlen beginnen und sich am Ende zu einem einzigen Leuchtturm zusammenfinden, der das Licht für das Goldene Zeitalter sein wird.

Wiederum solltest du das Erlebte niederschreiben, weil die Empfindung deines Herzens auf jeder Stufe eine andere ist. Das Schreiben wird dir helfen, deinen Fortschritt zu erkennen, wenn du dieses Ritual öfter machst.

Entspanne dich in der Natur und lass die Erlebnisse der vorangegangenen Stufe noch einmal vor deinem inneren Auge vorbeiziehen.

Achte Stufe:

Bist du bereit, deinen menschlichen Körper als Tempel Gottes zu sehen?

Nun tritt auf die achte Stufe der goldenen Pyramide.

Schließe deine Augen und atme eine Weile in dein Herzzentrum, bis du innerlich ruhig geworden bist.

Bitte dein Höheres Selbst, dich zu führen, und freue dich, dass deine Schutzengel wieder an deiner Seite stehen. Umgib dich mit einer Aura strahlend weißen Lichts, damit die reine Energie deines Einhorns hineinkann, und lass deine Wurzeln sich mit dem Erdkanal verbinden, damit du geerdet bist.

Du gibst innerlich deine Zustimmung, mit Hilfe der Engel- und Einhornenergie Heilung für deine Seele zuzulassen.

Du steigst in Begleitung deines Einhorns und der Schutzengel auf die achte Stufe der goldenen Pyramide, auf der Erzengel Metatron dich erwartet.

Der Erzengel vermag Göttliches und Menschliches zu vereinen. Durch ihn kannst du Heilung in der Tiefe deiner Seele erfahren.

Seine Energie führt dich auf eine neue Ebene, und er gewährt dir Einblick in deine göttliche Unversehrtheit, damit du eine neue Sicht von dir bekommst.

Mit seiner Hilfe kannst du eine Metamorphose erleben. Er kann dir Türen zu spirituellem Wissen öffnen, wenn du bereit bist, die Göttlichkeit deines Menschseins anzuerkennen. Durch deine vielen Inkarnationen hast du das Wissen um dein Engelsein tief in deiner Seele verborgen, auch, um mit den Widrigkeiten deiner Verkörperung fertig zu werden. Du hast lange genug die Energien menschlicher Illusionen mitgetragen, Systeme miterschaffen, die dazu geführt haben, dass nun auf eurer Erde die Unterdrückten aufbegehren und die Erde es alleine nicht mehr schafft, sich zu regenerieren.

Jetzt ist es Zeit, diese Energien zu verabschieden, deren Erfahrungen als Spuren in deiner Seele gespeichert sind.

Dein Körper hat durch Lernprozesse alle Ausdrücke von Licht und Schatten herangezogen, weil du wissen wolltest, wer du bist. Das Gefühl, das du in den Inkarnationen erlebt hast – begrüße es ein letztes Mal, und dann sei bereit, die Schattenerfahrungen mit der Hilfe aller, die dir bei dieser Aufarbeitung beistehen, in die schöpferische Energie deines Herzens zu holen und dort umzuwandeln.

Fühle, wie es ist, wenn deine Seele frei ist und dein

Herz wieder Freude empfinden kann, die mit dieser Transformation einhergeht.

Fühle, wie aus der Schwere und dem Leid Leichtigkeit und ein neues Körpergefühl entstehen.

Fühle, wie sich dein physischer Körper verändert und zu einem lichtvollen Ausdruck wird. Diesen Prozess der Transformation wirst du körperlich bemerken, indem sich dein Körpergefühl verändert oder dir schwindelig ist und du zu unterschiedlichsten Zeiten müde bist. Dann wisse, dass zur Zeit verstärkt an deinem physischen Körper gearbeitet wird, damit du deine Göttlichkeit wahrlich erkennen und über deinen Körper ausdrücken kannst.

Du hast dich auf die Energien der achten Stufe eingestimmt. Dein Einhorn ist bereit, deine Seelenheilung mit seinem Sternenlicht zu unterstützen, und deine Engel warten darauf, blockierte Energien mit ihrem Licht zu transformieren. Anschließend wird dein Einhorn wiederum die Lücke, die durch das Herauslösen belastender Energie entstanden ist, mit dem Heilungslicht deiner Sternenheimat auffüllen.

Fühle diesen Prozess der Aktivierung deiner Schöpferkraft, der sich in dir auszubreiten beginnt.

Erzengel Metatron fragt dich, ob du bereit bist, deinen menschlichen Körper als Tempel Gottes zu sehen. Ihn anzunehmen als das Gefäß, in dem die göttliche Flamme brennt und Seine Essenz zu finden ist.

Er bittet dich, die Antwort in deinem Herzen zu finden, ob du bereit bist, deinen Körper zu lieben und ihn mehr als bisher als Ausdruck deiner Göttlichkeit zu achten. Er fragt dich, ob du bereit bist, dich selbst zu lieben, denn Selbstliebe bedeutet, deine eigene Göttlichkeit anzuerkennen und dir dessen bewusst zu sein, was an dir einmalig ist.

Selbstliebe bewirkt, dass du Liebe ausstrahlst, wodurch dein Umfeld berührt wird und Frieden wachsen kann.

Durch Selbstliebe wirst du dich in Übereinstimmung mit dem Verständnis finden, dass Dinge geschehen, wie sie geschehen. Und du wirst frei sein, die Dinge zu tun, die du liebst und die dir Freude bereiten.

Deine Selbstliebe ist das Licht, das wie ein Leuchtfeuer das Dunkel erhellt und sich auf der materiellen Ebene durch Gottes Eigenschaften ausdrückt. Durch Liebe, Freiheit und Schöpferkraft.

Geliebter Mensch, bist du bereit, deinen Körper als Tempel Gottes zu sehen?

Du weißt, wenn du noch nicht bereit bist weiterzugehen, kannst du deinem Einhorn folgen, das dich zum Einhorngarten bringt, in dem du Seelenheilung in deinem dir *eigenen Tempo erfährst, so wie es für dich stimmig und annehmbar ist.*

Bist du jedoch bereit, die nächste Stufe in Angriff zu nehmen, suche nun in Begleitung deines Höheren Selbst, deiner Schutzengel, deines Einhorns und von Erzengel Metatron den Platz vor den Toren deiner Seele auf, an dem du das Ritual ablegen möchtest. Dieser Platz ist dein heiliger Ort, dein Seelentempel des Friedens und des Lichts, an dem deine Begleiter wieder zu Zeugen deines Rituals werden.

Sprich:

„Ich bin bereit, meine Seele für die Einhornheilung zu öffnen und bitte mein Hohes Selbst um Führung.

Mögen die Einhörner die Spuren in meiner Seele, die meinem Leben nicht mehr dienlich sind, mit Hilfe der Engel der Heilung zuführen.

Mir ist bewusst, was ich in meinem Leben noch verwirklichen will, und ich bin bereit, alles dafür Notwendige zu tun.

Verletzungen, Kränkungen und Schuldgefühle, die ich erfahren und mir selbst und anderen Menschen zugefügt habe, bitte ich, mit göttlicher Hilfe im Licht zu transformieren.

Ich vergebe von Herzen und gestehe anderen Menschen ihre Eigenständigkeit zu!

Ich bin bereit, meine Bestimmung anzunehmen.

Ich bin bereit zur Veränderung, auch wenn es bedeutet, Altes hinter mir zu lassen.

Ich bin bereit, göttliche Führung zuzulassen und egogesteuerte Alleingänge mit göttlicher Hilfe ins Licht zu transformieren.

Ich bin bereit, den Mut zu entwickeln, der notwendig ist, um zu meinem neuen Leben zu stehen.

Ich bin bereit, meine Schöpferkraft auszudrücken.

Ich bin bereit, meinen menschlichen Körper als Tempel Gottes zu sehen.

Ich danke für die Sternenenergie, die mir durch das Horn meines Einhorns geschenkt wird.

Ich danke meinem Hohen Selbst für die Führung, ich bedanke mich bei Erzengel Metatron und meinen Schutzengeln.

Ich bin bereit! Ich bin bereit! Ich bin bereit! Danke!"

Spüre dem Frieden nach, der in dir Einzug gehalten hat, atme tief durch und komme langsam ins Hier und Jetzt zurück.

Botschaft von Erzengel Metatron:
Das Erwachen der Neuen Zeit

Frühling ist vergleichbar mit dem Erwachen des neuen Zeitalters, dessen Streben nicht mehr der Macht, dem Herrschen und Beherrschen gilt, sondern dem Erkennen der eigenen Schöpferkraft: der Herz- und Hirnvereinigung und der Bereitschaft, zum globalen Weltfrieden beizutragen. Dies alles im Wissen, dass jeder Mensch Teil des Ganzen ist – eingebettet in die Liebe der Schöpfung, umsorgt von den Armen von Mutter Erde, getragen vom Licht göttlicher Essenz, die ihr alle in euch tragt.

Frühling – die Zeit der Saat und der Erkenntnis. Welche Möglichkeiten tun sich für euch auf? Jeder Mensch kann dazu beitragen, dass diese Welt eine friedlichere wird. Verlasst euch nicht mehr darauf, dass es einige Mutige gibt, die euch voranschreiten und den Weg für euch ebnen, sondern jetzt ist jeder von euch aufgerufen, mutig voranzugehen und offen zu sein für das Neue, das Veränderung bringen wird.

Der Kreislauf des Lebens bindet euch in alle Dinge, Ereignisse und Wesen ein, denn alles ist allumfassendes Bewusstsein, bewertungsfreie Gerechtigkeit.

Alles, was ihr denkt, sprecht und tut, wirkt auf die gesamte Schöpfung ein. Zur Zeit erlebt die Menschheit die Auswirkungen diktatorischen Denkens und Herrschens.

Seid euch deshalb stets bewusst, wie sehr jeder Einzelne für den Zustand des Planeten mitverantwortlich ist.

Die Zeit des Erwachens ist JETZT. Lasst die schwere, dunkle Energie hinter euch und öffnet euch für das Herzdenken. Vereint Herz und Hirn, und ihr alle werdet eine neue Qualität des Lebens erleben. Befreit euch von Altem, das im Begriff ist, sich aufzulösen. Nutzt diesen Übergang von der alten Zeit in die lichtvolleren Schwingungen für Abschied, Klärung, Bereinigung und Neuanfang.

Auch wenn viele von euch denken, sie hätten schon alles losgelassen, erkennt, dass der ständige Wandel der Zeiten euch Schicht für Schicht das enthüllt, was noch zu verzeihen, aufzulösen und zu klären ist. Nur so könnt ihr euch für neues Wachstum und neue Entwicklung öffnen.

Was ihr jetzt sät, werdet ihr im nächsten Wandel der Jahreszeiten ernten. Seid deshalb sorgsam mit dem, was ihr möchtet, denn es könnte sich schneller, als euch lieb ist, in eurem Leben manifestieren.

Wenn ihr euch sicher seid, dass eure Wünsche dem höchsten Lebensplan entsprechen, solltet ihr mit der Liebe eures Herzens den Samen gießen und vertrauensvoll zusehen, wie die Frucht zu sprießen beginnt.

Frühling – die Zeit des Sprießens, in der selbst tief in der Erde verborgene Knospen sich ihren Weg zum Licht bahnen – nehmt diese Zeit zum Anlass, euch neue Verhaltensweisen anzueignen.

Öffnet Herz und Arme, um Liebe, Licht und die Engel in euer Leben einzuladen.

Nehmt sie auf in euer Sein, denn die spirituelle, geistige, emotionale und materielle Kraft in euch will vom Licht Gottes erfüllt und umhüllt sein.

Entfaltet eure Schöpferkraft, denn die Rückkehr zu eurer Ganzheit beginnt, wenn ihr das gesamte Spektrum eures Seins zu akzeptieren und zu lieben beginnt.

Euer Einsatz wird lichtvolle Früchte hervorbringen, wie die Schneeglöckchen, die ihre Köpfchen dem Licht entgegenstrecken. Unsere „Schneeglöckchen" sind die lichtvollen Energien, die aus dem erwachenden Bewusstsein vieler Menschen hervorbrechen und sich ausbreiten, um im Licht der Erkenntnis die Liebe Gottes zu verbreiten.

Wie eine blumenübersäte Frühlingswiese soll die Bereitschaft zur Herzensarbeit in der Vorstellung aller heranreifen.

Gesegnet und begleitend von der Liebe der göttlichen Mutter, der sie begleitenden Naturwesen und der Einhörner, die ihre Energie beisteuern, damit eine ausgewogene Landschaft heranwachsen kann.

*Eine Seelenlandschaft des Miteinanders, des Gleich-
gewichts, der Harmonie, des Verständnisses, der wer-
tungsfreien Liebe und des Mitgefühls für die gesamte
Schöpfung.*

*Möge jeder von euch solch eine frühlingshafte Seelen-
landschaft in sein Herz einpflanzen, auf dass sie wachsen
und gedeihen kann, um im Sommer selbstbewusst und
stark die Blüten hervorzubringen, die aus diesen Herzsa-
men entstehen.*

AMEN

Ehe du die nächste Stufe in Angriff nimmst, spüre den
lichtvollen Energien nach, die auf der achten Stufe in dich
eingeflossen sind. Fühle, was du bei den Worten von Erzengel Metatron empfunden hast.

Haben seine Worte in dir Widerhall gefunden? Konnten sie dein Denken über deinen Körper verändern, damit du es schaffst, ihn mit Liebe zu betrachten? Spürst
du, dass deine Seele eine neue Leichtigkeit erreicht hat?
Dass sie Flügel bekommen hat und es ihr erlaubt ist, sie
auszubreiten?

So vieles, was deine Seele über Inkarnationen hinweg
und auch viele Jahre deines jetzigen Lebens belastet hat,

konntest du auflösen und loslassen. Natürlich nicht alles, denn du hast so viele Leben hinter dir, und jedes hat seine Spuren in deiner Seele hinterlassen, doch du bist auf dem besten Weg, Stück für Stück aus den alten Verletzungen auszusteigen und zu gesunden.

Schreibe die Erfahrungen der achten Stufe nieder, denn es wird dir helfen, den Fortschritt deiner Seelenklärung zu erkennen, wenn du dieses Ritual öfter machst.

Danach geh spazieren und atme den Duft des Lebens um dich herum ein. Schaue über das hinaus, was vor dir ist, und weite so deine Sicht. Versuche, zum Horizont hochzublicken und dabei zu hören, was die Melodie des Universums dir sagen möchte. Und vergiss nicht, wenn du die Wunder der Natur betrachtest, auf deinen Körper zu schauen, denn er ist das größte Wunder.

Neunte Stufe:
Bist du bereit, dem Licht zu dienen?

Nun tritt auf die neunte Stufe der goldenen Pyramide.

Schließe deine Augen und atme eine Weile in dein Herzzentrum, bis du innerlich ruhig geworden bist.

Bitte dein Höheres Selbst, dich zu führen, und freue dich, dass deine Schutzengel wieder an deiner Seite stehen. Umgib dich mit einer Aura strahlend weißen Lichts, damit die reine Energie deines Einhorns hineinkann, und lass deine Wurzeln sich mit dem Erdkanal verbinden, damit du geerdet bist.

Du gibst innerlich deine Zustimmung, mit Hilfe der Engel- und Einhornenergie Heilung für deine Seele zuzulassen.

Du betrittst in Begleitung deines Einhorns und der Schutzengel die neunte Stufe der goldenen Pyramide, auf der dich der Torwächter erwartet.

Sein Horn ist von einem strahlenden Goldton, und es funkelt wie goldene Sterne im gleißenden Sonnenlicht.

Du fühlst die unendliche Liebe des Torwächters. Sie bringt in deinem Herzen unterdrückte Saiten zum Klingen und verbindet sich mit der Melodie deiner Seele zu einem gemeinsamen Lied.

Ein Lied. Ein Licht. Ein Ton. Ein Empfinden.
EINS-SEIN.

Plötzlich sind viele Einhörner um dich. Sie freuen sich mit dir, dass du es bis hierher geschafft hast. Diese Stufe ist Prüfung und Einweihung zugleich.

Du vernimmst die Stimme des Torwächters in deinem Herzen, das sich weit öffnet, um so viel wie möglich von dem heilenden Einhornlicht aufzunehmen. Schauer laufen dir über den Rücken, und dir ist die Erhabenheit dieses Augenblicks bewusst.

„Sei ohne Furcht, geliebte Menschenseele! Dein freier Wille hat dich hierher geführt, und auch alle deine weiteren Entscheidungen sollen, wie auf den Stufen zuvor, freie Entscheidungen des Herzens sein.

Getragen vom Wunsch, deine Seele von alten Wunden zu klären, um dein Herz für die Liebe noch aufnahmefähiger zu machen, als es das ohnehin schon ist.

Deine Bereitschaft, deinen Körper durch Loslassen blockierter Seelenenergie den lichtvolleren Schwingungen anzugleichen, hat dich auf diese Stufe gebracht, auf der du die Entscheidung treffen sollst, die Erfahrungen deiner

Seelenarbeit dem Licht der Erkenntnis zu übergeben.

Einhornenergie hat Stufe für Stufe deine Bereitschaft hinterfragt. Mit unendlicher Liebe und Sanftmut wird sie dir weiterhin helfen, hinter die Schleier der Illusion zu leuchten, und sie wird dir beistehen, deinen Geist von den begrenzenden Vorstellungen und Verhaftungen zu lösen.

Einhornenergie hat dich zu einer Stufe der Bewusstwerdung geführt, auf der du immer mehr von deinem göttlichen Bewusstsein entfalten kannst. Arbeite weiterhin daran, dein Bewusstsein zu erweitern, immer wieder, bis du irgendwann frei von Vorstellungen und Verhaftungen bist, denn du weißt noch nicht, welche Träume deine Seele hat, wonach sie strebt und welche Möglichkeiten ihr offen stehen. Doch du bist auf einem guten Weg, es herauszufinden.

Es geht auch darum, dein Leben so wahrzunehmen, dass du im Alltag im Einklang mit den Empfindungen deiner Seele und deines Herzens bist. Dass du jeden Augenblick deines Lebens erkennst, dass du es bist, der die Richtung bestimmt, sie ändern oder auch einmal einen Umweg machen lässt.

Damit das reine Einhornlicht durch dich fließen kann, ist es vonnöten, dass du deinen Körper liebst, ihn reinigst und ihm Nahrung voller Lebenskraft zuführst, auf allen Ebenen deiner Möglichkeiten.

Unser Heilungslicht führt dich in die Kraft deines Innern. Es lehrt dich, dein Herz zu öffnen, auf deine Seele zu hören, still und friedlich zu werden, und es hilft dir bei der Umsetzung deiner göttlichen Bestimmung.

In dieser Zeit der globalen Umwandlung kommen Wellen der Wandlung, die Seelenwachstum vorantreiben. Wenn du diese Chancen ergreifst und die Kraft deines Herzens einsetzt, wird ein Wandel geschehen, der dein ganzes Leben verändert. Das, was bisher von deinem Verstand diktiert worden ist, löst sich, und eine neue Energie entsteht, durch die deine Göttlichkeit hervortritt.

Empfange verstärkt unser heilendes Licht, das jede Zelle in dir mit göttlicher Energie auflädt und dich vor niederen Einflüssen schützt.

Empfange den Segen der Einhörner, und wenn in dir ein Wissen, eine Vision, hochsteigt, pflanze dieses in dein Herz, damit es sich von dort aus im Physischen manifestieren kann. Speichere dieses Gefühl der Freude, das damit einhergeht. Es sind deine Gefühle, die dir das Tor zum Licht der Erkenntnis öffnen. Du kannst es nicht erzwingen, sondern nur zulassen, was geschehen soll. Es sind die Reinheit deiner Seele und die Schönheit deines Herzens, die bestimmen, wie weit sich dir das Tor zu diesem Zeitpunkt öffnet. Sie geben Auskunft darüber, wie weit deine Aufmerksamkeit und Bereitschaft gediehen sind, um dich dem Licht und der Liebe zuzuwenden.

Wenn deine Seele sich noch Lernprozesse vorgenommen hat, ist sie zu diesem Zeitpunkt noch nicht bereit, das Tor zu durchschreiten. Alles ist in Ordnung so, wie es ist.

Unser Heilungslicht bringt dir noch einmal deine Seelenklärung ins Bewusstsein und erinnert dich an alle Fähigkeiten, die du besitzt.

Es weiß, ob dir bewusst wurde, was du wirklich willst.

Es weiß, ob du genügend alte Verletzungen, Kränkungen und Schuldgefühle loslassen kannst und fähig bist, anderen ihre Eigenständigkeit zuzugestehen.

Es weiß, ob du deine Bestimmung annehmen kannst.

Es weiß, ob du zur Veränderung bereit bist.

Es weiß, ob du bereit bist, göttliche Führung zuzulassen.

Es weiß, ob du den Mut hast, zu deinem neuen Leben zu stehen.

Es weiß, ob du bereit bist, deine Schöpferkraft auszudrücken.

Es weiß, ob du deinen menschlichen Körper als Tempel Gottes sehen kannst.

Es weiß, ob du bereit bist, dem Licht zu dienen.

Es weiß, ob du bereit bist, die Heilung deiner Seele zuzulassen, um deinem Bewusstsein den liebevollen Rahmen zu geben, sich als Einheit von Körper-Seele-Geist auszudrücken und zu verwirklichen.

Das Licht weiß die Antwort.
Ist deine Seele bereit, sie zu hören?
Dann höre!

Ich verabschiede mich und danke dir für deine Bereitschaft, unser heilendes Licht in dir zu integrieren. Wisse, wir bleiben mit unserer Energie bei dir und begleiten dich auf deinen weiteren Wegen."

Der Torwächter richtet sein Horn auf deine Brust. Ein goldener Schauerregen ergießt sich daraus und erfüllt dein Herz und deine Seele mit dem heilenden Licht. Sternengleich erstrahlt dein physischer Körper, der in diesem Augenblick seine himmlische Herkunft offenbart.

Dein Seelenlicht verbindet sich mit der allumfassenden Liebe und dem Glanz aller Lichter, die um dich sind: Erzengel Metatron, Mutter Maria, Erzengel Raphael, Erzengel Zadkiel, Erzengel Michael, Meister Saint Germain, dein Geistführer und dein Schutzengel sowie dein Einhorn, das dir spätestens in diesem Moment seinen Namen verrät.

Deine Seele vernimmt die Antwort des Torwächters, und du betrittst die Halle der Erkenntnis, wenn es dir von ihm erlaubt wurde...

Die Erfahrungen und Visionen, die dir im Licht der Erkenntnis gewährt werden, gehören dir allein.

Du hörst deinen Engelnamen. Überlege nicht mit deinem Verstand, ob er der richtige ist, nimm seine Schwingung an, ohne zu werten.

Bedanke dich mit deinen eigenen Worten.

Kehre leichten Herzens und voller Dankbarkeit in dein Alltagsleben zurück.

AMEN!

Lass die Seele fliegen
in die Freiheit, die sie ist.
Im Frieden ohne Gegenteil,
Leben unendlich ist.

Teil 2
Mein Weg zu den Engeln

Auf der Suche nach Engeln entdecken wir viel über uns selbst. Wir entdecken vor allem, dass wir in allen Dingen eine Wahl haben. Das können wir gar nicht hoch genug wertschätzen. Wir haben die Wahl wegzuschauen, wenn Neues auf uns zukommt, Ungewohntes, das uns vielleicht Angst macht. Aber wir können uns auch dafür entscheiden, uns mit neugierigen Augen auf Veränderung einzulassen.

Ich habe erst sehr spät erkannt, dass ich eine Wahl habe. Zuvor habe ich in dem Glauben meiner Eltern und meiner Erziehung gelebt, dass man stets mit dem, was man hat, zufrieden sein und nicht nach mehr streben sollte. Doch das stimmte nicht!

Ich war nicht immer zufrieden mit dem, was ich hatte, und vor allem nicht mit dem, was ich tat. Tief in meinem Innern spürte ich ein Sehnen, das ich nicht beschreiben konnte, weil ich selbst nicht wusste, was mir fehlte.

Mit zunehmendem Alter und der Häufung von Schicksalsschlägen begann ein Umdenken. Mit fünfzig Jahren fragte ich mich: Was kommt an Neuem noch auf mich zu? Bisher war mein Leben in geordneten Bahnen verlaufen, ein Tag glich dem anderen, und der Frust nahm immer mehr zu. Eingespannt in das tägliche Berufsleben und die Sorge um Mann und Kinder blieb wenig Raum für Träume. Was natürlich so nicht stimmte, doch das erkannte ich erst, nachdem ich die Veränderung zugelassen hatte. Denn man hat immer Zeit für seine Träume und diese zu verwirklichen. Man muss es nur wollen. Wirklich wollen. Alles andere ist nur eine Ausrede, um die eigene Angst zu überspielen, aus dem Gewohnten auszusteigen.

Eines Tages reicht einem das Alte. Man überwindet sich, ohne groß nachzudenken, weil einem der Alltagsstress zu viel wird und die Sehnsucht wächst, sich das nicht länger gefallen zu lassen. Heute weiß ich, dass diese Sehnsucht einen Namen hat: *Seelenwachstum!*

Es war meine Seele, die schon so viele Jahre darauf drängte, gehört zu werden. Man ist ja Meister im Verdrängen dessen, was Veränderung bewirken könnte, zumindest ging es vielen meiner Generation bis jetzt so. Wir Nachkriegskinder wurden in der „alten Energie" geboren, und die ersten Seelen, deren Ausdruck uns zum Umdenken auffordern sollten, waren die sogenannten Blumenkinder. Aufgrund unserer Erziehung haben wir über sie den Kopf geschüttelt und uns gefragt, wie man nur so leben kann...

Heute weiß ich, dass es die Mission dieser Seelen war, uns wachzurütteln. Sie zeigten uns, wie leicht man das Leben nehmen kann und dass es andere Dinge gibt, als nur an Arbeit und Gehorsam zu denken. Ja, gehorsam zu sein lehrte man uns vom ersten Augenblick an. Rückblickend stelle ich fassungslos fest, wie sehr wir „niedergehalten" wurden, von Eltern, Schule und Kirche. Immer hieß es: Das hat man schon immer so gemacht, du wirst dich gefälligst auch daran halten. Der Herr Pfarrer war eine Respektperson, dessen Worte man widerspruchslos zu glauben hatte, und wenn man in seiner Jugendlichkeit aufmucken wollte, um sich dem Neuen etwas anzugleichen, wurde man sehr schnell wieder auf den Boden der Tatsachen zurückgeholt.

Wenn ich heute von vielen Lichtarbeitern höre, dass sie schon in frühester Kindheit ihre Medialität erkannt haben, muss ich gestehen, dass sich in dieser Beziehung bei mir nichts getan hat. Zwar sagten mir verschiedene Medien übereinstimmend, dass ich als Kind mit Naturgeistern gespielt hätte, doch ich selbst kann mich noch nicht daran erinnern. Aber was nicht ist, kann ja noch werden.

So vieles hat sich in den letzten Jahren, seit ich die Fünfzig überschritten habe, verändert. Nicht, dass Sie glauben, ab diesem Zeitpunkt wäre mein Leben problemlos und konfliktfrei.

Von wegen!

Mit dem Umdenken fing es erst richtig an, kompliziert zu werden. Zumindest so lange, wie ich dachte, Bewusstseinsveränderung sei kompliziert. Ich stelle mit ein wenig

Neid fest, dass es manchem Medium von einem Augenblick zum anderen gelingt, eine Stufe der Erkenntnis zu erreichen, wozu ich viele Jahre benötigt habe. Doch ich weiß auch, dass es den meisten Menschen so geht, und das ist es, was mich nicht nur tröstet, sondern auch dazu gebracht hat, meinen Weg zu beschreiben. Um aufzuzeigen, dass spirituelle Bewusstseinserweiterung für jeden möglich sein kann, möchte ich meine Suche nach den Regenbogenfarben meiner Seele, meinen ganz eigenen Weg zu den Engeln beschreiben.

Eine Entscheidung von allergrößter Tragweite

Wenige Tage nach meinem einundfünfzigsten Geburtstag genoss ich das seltene Vergnügen eines Saunabesuchs. Wir waren eine Runde schnatternder Frauen, die sich das Neueste in fröhlicher Runde erzählten. Zu jener Zeit zählte ich zu den Frauen, die meinten, nicht ohne Zigaretten leben zu können. In meinem stressigen Alltag waren Zigaretten ein Teil dessen, was mir das Leben lebenswert machte. Ich wusste natürlich, dass dieses Denken ein Trugschluss war, doch ich hatte es bis jetzt noch nie länger als ein paar Tage geschafft, ohne diese Sucht auszukommen. Mit Stolz in der Stimme erzählte eine der Frauen, dass sie sich das Rauchen an nur einem Wochenende abgewöhnt und seither auch kein Bedürfnis mehr danach hätte. Jeder Raucher, davon bin ich überzeugt, wird verstehen, wenn ich behaupte, dass er sich so ein „Aufhören" insgeheim wünscht. Die Finger von der Zigarette lassen zu können, ohne Entzugserscheinungen, ohne das fiebrige Flattern der Hände, die vergebens nach etwas greifen, das sich nur wie ein Glimmstängel anfühlt. Von wegen Beruhigungszigarette!

Auch das redet man sich als Raucher ein. Ich spreche aus Erfahrung, wenn ich behaupte, dass eine Zigarette nur scheinbar beruhigt. Hinterher fühlt man sich meistens noch schlechter als zuvor.

Auch der obligate Raucherhusten machte sich morgens bereits lautstark bemerkbar. Obwohl ich alles mögliche versuchte, ihn auszutricksen, es gelang mir nur unvollständig. Dies war umso peinlicher, da mein Mann – ein Nichtraucher – für mein Laster naturgemäß kein Verständnis aufbrachte. Alle Belehrungen und Mahnungen führten nur dazu, dass ich mir einzureden begann, ich sei eben noch nicht reif genug, Nichtraucher zu werden. (Mein Gott, kann frau manches Mal verbohrt sein...)

Dazu kam, dass meine Mutter – eine starke Raucherin – in ihren letzten Lebensjahren an schwerem Asthma gelitten und die Sauerstoffflasche neben ihrem Bett zum Alltag gehört hatte. Auch ein Bruder – fanatischer Nichtraucher! – starb Jahre später, mit nur 55 Jahren, an Lungenkrebs. Selbst dieser Schock hatte noch keinen Stopp meines Lasters verursacht. Man kann wirklich mit Fug und Recht behaupten: Ich war eine Frau mit einem starken Willen!

Doch an jenem Tag in der Sauna berührten die Worte der Neu-Nichtraucherin irgend etwas in mir, das mich nach der Adresse ihres Mentaltrainers fragen ließ. Und noch am selben Abend rief ich dort an und fragte nach dem nächsten Termin eines Seminars. Welch ein „Zufall"!, bereits am kommenden Wochenende fand eins statt, und es war genau ein Platz noch frei. Bei den Kosten schüttelte es mich zwar kurz, und meine gewinnorientierte Einstellung versuchte doch tatsächlich, im Schnellverfahren einzuschätzen, wie viele Stangen/Packungen Zigaretten es wohl sein würden, die unter Umständen den Bach hinuntergingen, würde es auch dieses Mal wieder nicht klappen.

Meinen Schutzengeln musste damals schon langsam der Geduldsfaden gerissen sein, so oft, wie sie mich auf die verschiedensten Möglichkeiten zum Aufhören hingewiesen hatten. Aber ich bin eben ganz und gar ein Widder und nicht so schnell bereit, mir etwas sagen zu lassen, das sich nicht mit meiner (damaligen) Denkweise in Übereinstimmung bringen lässt.

Dieses Mal jedoch hörte ich auf das, was ich fühlte, und ich war einerseits erleichtert, und andererseits hatte ich richtig Schiss, dass wieder einmal alles für die Katz sein sollte.

Nun, ich habe es wirklich geschafft. Und das bereits am ersten Tag! Ich habe dieses Thema in meinem heiteren Roman: *Memos von ganz oben*, Elias Verlag, beschrieben. Mein Entschluss, endgültig mit dem Rauchen aufzuhören, musste dieses Mal von meinen Engeln massivst unterstützt worden sein. Anders kann ich es mir nicht erklären, wie leicht ich die erste Zeit danach ohne „Suchtrückfälle" bewältigt habe.

Doch dies war erst der Beginn dessen, was in der Folge mein ganzes Leben umkrempeln sollte.

Während des Seminars erlebte ich meine erste Meditation. Ein Erlebnis! Erst viele Jahre später wurde mir die Bedeutung dessen, was ich in dieser Meditation erlebt hatte, klar. Der Seminarleiter konnte oder wollte mir keine Auskunft darüber geben, was die Vision, die ich dort erlebt hatte, für mich bedeutete.

Jahre später erlebte ich haargenau dieselbe Vision in einer Meditation noch einmal. Ich sah mich viele Stufen hochsteigen, um mich herum war alles in helles Licht getaucht, und ich trat in einen Raum, in dessen Mitte ein überdimensionaler Sessel stand, auf dem ich Platz nahm. Ich erlebte das Geschehen von zwei Seiten: Ich sah mich auf dem Stuhl sitzen, und gleichzeitig fühlte ich, auf dem Stuhl sitzend, was dort mit mir geschah.

Aus meinem Stirnchakra begann das Horn eines Einhorns zu wachsen. Kaum hatte ich an diesem faszinierenden Anblick Gefallen gefunden, zeigte sich über meinem Scheitelchakra ein Füllhorn, und noch ehe ich das richtig einordnen konnte, zeigte sich mir das Symbol einer eingerollten Schnecke.

Die Worte, die diese Vision begleiteten, werde ich nie vergessen:

„Dir wurden drei Geschenke gegeben, die einen sichtbaren Ausdruck in deinem Leben annehmen werden: Die Gabe der Heilung, der spirituellen Fülle und der Weisheit, sie zu lehren."

Im Anschluss an dieses Seminar begann ich alles zu lesen, was ich über Esoterik in die Finger bekam. Es sind Hunderte Bücher, die ich im Laufe der Jahre gelesen und zum Teil verinnerlicht habe.

Dadurch tat sich für mich ein neuer Kreis von Bekanntschaften und Freunden auf, die sich ebenfalls für Esoterik interessierten. Heute weiß ich natürlich von der Anziehung der Schwingungen. Gleiches zieht Gleiches an. Behutsam und ganz langsam begann ich, mich zu verändern.

Kurze Zeit nach dem Mentaltraining lernte ich eine jüngere Frau kennen, die zu einem Prüfstein für mein weiteres Leben werden sollte. Ich fand es faszinierend, wie ihre Kommunikation mit der Geistigen Welt funktionierte, und da mich alles, was mit Kartenlegen, Channeling und Ähnlichem zu tun hatte, schon immer sehr interessierte, blieb es natürlich nicht aus, dass unsere Beziehung immer intensiver wurde. Durch sie wurde ich gewissermaßen kopfüber in manche Situation gestürzt, die mir nicht immer – und meinem Mann schon gar nicht – passte, doch ich war in meiner Entwicklung noch nicht so weit, zu dem zu stehen, was ich fühlte.

Ich ließ wieder einmal zu, dass andere über mich entschieden und sagte Ja und Amen, um meine Ruhe zu haben und in einem harmonischen Umfeld leben zu können. Hin- und hergerissen zwischen der Verpflichtung meinem Mann gegenüber und dem Drang, aus meinem alten Leben endlich einmal auszubrechen und etwas vollkommen Neues zu tun, ging ich die nächsten zehn Jahre durch einen mehr als schwierigen Lernprozess.

Kein Seminar oder Workshop, den meine Freundin nicht zum Anlass nahm, mich zum Mitkommen zu überreden. Weder mein Jammern über die Kosten, noch das schlechte Gewissen, meinen Mann schon wieder allein zu lassen, brachten sie von ihrem Vorhaben ab, aus mir eine „Lichtgestalt" zu machen. Doch wer immer mehr zu strahlen anfing, war sie.

Es dauerte viele Jahre, ehe ich erkannte, was viele in meinem Umfeld schon wesentlich früher sahen: Sie brauchte anscheinend meine Energie, um mit den Widrigkeiten ihres Lebens fertig zu werden.

Aber ich weiß auch, dass es allein an mir gelegen hätte, ihr Grenzen aufzuzeigen. Dass ich es nicht tat, ist ganz allein meinem mangelnden Selbstbewusstsein zuzuschreiben. Der eine braucht eben länger, um Erkenntnisse und Erfahrungen, gleich welcher Art, zu verinnerlichen. Ein anderer ist aufgrund seiner bisherigen Leben oder Erfahrungen von Haus aus gescheiter und geht mit einem Achselzucken über solche Prüfungen hinweg.

In der Zwischenzeit habe ich durch meine Bewusstseinsarbeit erfahren, welches der rote Faden meiner Lebensaufgabe ist: *Nicht so vertrauensselig zu sein!*

Das betrifft nicht nur besagte Freundin, sondern zieht sich irgendwie durch mein ganzes bisheriges Leben. Schon zu Zeiten als Geschäftsfrau hatte ich durch meine Vertrauensseligkeit oft genug einen auf „den Deckel" bekommen, aber immer wieder gemeint, jeder Mensch würde so positiv und unschuldig wie ich denken. Dass dies nicht immer der Fall war, habe ich oft genug schmerzhaft in materieller und menschlicher Hinsicht erkennen müssen.

Mein ganzes Leben war, wie bei den meisten Menschen, ein einziger Lernprozess. Doch es waren auch diese Erfahrungen, die mich zu dem Menschen formten, der ich heute bin: eine selbstbewusste, glückliche Frau, die die meiste Zeit mit sich im Reinen ist und erkannt hat, dass sie niemanden braucht, um glücklich zu sein. Es ist schön, wenn man wie ich einen wundervollen Partner und eine liebevolle Familie hat, doch das Wissen, dass Liebe und Licht für alle Zeiten in mir sind, geben mir die nötige Sicherheit, mit allen Widrigkeiten des Lebens fertig zu werden. Und solche Belastungen gab es in der Vergangenheit genug.

Ich denke an die Zeit kurz nach meinem ersten Mentaltraining, als Menschen in meinem unmittelbaren Umfeld plötzlich nicht mehr so mit mir konnten wie zuvor, nur weil meine Schwingung sich verändert hatte. Viele meiner Bekannten waren nicht bereit, mich so anzunehmen, wie ich nun war. Diese Erkenntnis schmerzte, jedoch nur anfangs, denn ich fand Gefallen an Meditation und das „In-mich-

Gehen" und bekam dadurch immer öfter mein seelisches Gleichgewicht wieder.

Die Kinder waren aus dem Haus, mit ihnen gab es diese Probleme nicht, doch mein Mann hatte schon Schwierigkeiten, mit meiner Veränderung klarzukommen. Hatte ich mich die Jahre zuvor als fügsam erwiesen, begann ich nun, für meine Veränderung einzustehen, was mein Umfeld natürlich zum Teil mit Unverständnis zur Kenntnis nahm.

Auf der einen Seite stärkte meine Freundin meine Entwicklung hin zu mehr Selbstbewusstsein und für meine eigenen Bedürfnisse einzutreten, auf der anderen Seite nahm sie dies zum Anlass, mich zu Handlungen zu überreden, die für sie von Vorteil waren. Sie fuhr nicht gerne allein weg und redete mir daher allerlei ein, damit ich sie begleitete.

Sie kam und ging in unserer Wohnung ein und aus wie ein enges Familienmitglied. Dass mein Mann in seiner übergroßen Liebe zu mir dies alles hinnahm, ohne jemals an Scheidung zu denken, kann ich ihm nicht hoch genug anrechnen.

Bei einem Seminar in Kroatien begleitete uns mein Mann (es war das erste und letzte Mal!), und er erkannte scharfsinnig den sichtbaren Unterschied zwischen dem, was spirituell und dem, was geschäftstüchtig ist. Ich war noch längst nicht bereit, das so nüchtern zu sehen. Schließlich hatte ich jemanden, der mir meine Bedenken mit weisen Worten ausredete. Die Channelings meiner Freundin waren immer darauf ausgerichtet, mich hinzuhalten, wusste sie doch, wie gerne ich ebenfalls eine innige Verbindung zu meinen Engeln gehabt hätte.

Auf Anraten meiner Freundin fuhren wir eines Tages zu einer jungen Frau namens Barbara Ljubi, die für Seelenreinigung bekannt war. Natürlich war ich wieder mit dabei und sehr fasziniert von ihrem Tun. Ich spürte, wie sie die Energien in meinem Lichtfeld harmonisierte, und als sie im abschließenden Gespräch bemerkte, dass sie auch Schreibkurse gäbe, wobei sie die Öffnung des Kanals zu den Lichtwesen mit ihrer Energie unterstütze, war ich wie elektrisiert.

Schreiben war das, was ich schon seit meiner Kindheit gerne tat. Geschichten zu erfinden und Gedichte zu schreiben waren eine Leidenschaft, der ich bis jetzt allerdings nicht in dem Maße nachgehen konnte, wie ich es gerne getan hätte.

Ich wusste in diesen Minuten, dass dies der Grund war, weshalb ich zu Barbara Ljubi geführt wurde.

Sofort machte ich einen Termin mit ihr aus, den natürlich auch meine Freundin buchte. Ich konnte zu diesem Zeitpunkt nicht ahnen, dass Barbara es sein würde, die mir bei meiner schwersten Lektion am meisten zur Seite stehen würde.

Ich freute mich wirklich sehr auf diesen Schreibkurs, und meine innere Erregung zeigte, dass diese Entscheidung die richtige war.

Das Medium Barbara war ein wunderbarer Engelkanal, und als sie die Hand auf meinen Kopf legte, ging eine Welle durch meinen Körper, die mich energetisch auflud.

Schon nach wenigen Minuten begann ich zu schreiben, und die ersten Buchstaben, die deutlich lesbar auf meinem Blatt standen, waren *Melchisedek.*

Weder Barbara noch meine Freundin konnten mit diesem Namen etwas anfangen, aber ich hatte schon von ihm gehört. Zwar wusste ich nicht mehr, in welchem Zusammenhang, doch ich forschte natürlich nach. Melchisedek war ein kanaanitischer Priester-König und Lehrer von Abraham. Er gilt als Noahs Enkel und großer Meister der Alchemie und heiligen Geometrie.

Das zu erfahren, war für mich beängstigend. So eine große Lichtgestalt konnte nicht mit mir schreiben, das schien mir zu überheblich zu sein. Sofort setzten Zweifel ein, die meine Freundin nach besten Kräften noch unterstützte. War Schreiben doch etwas, das bei ihr nicht so auf Anhieb funktionierte wie bei mir. Ich hätte damals bereits erkennen müssen, dass es Eifersucht war, die sie nur mühsam unterdrücken konnte.

Ich begann mich täglich auf schriftlichem Weg mit der Geistigen Welt auszutauschen, nicht so meine Freundin, die ja schon immer eine andere Verbindung hatte. Doch es störte sie, dass ich durch die schriftlichen Durchsagen nicht mehr so abhängig von ihr war wie vorher.

Bekam ich eine Botschaft von Maria, erhielt sie natürlich ebenfalls eine von ihr, naturgemäß noch sehr viel ausführlicher. Und immer, wenn sich durch mich ein neues Engelwesen ausdrückte, bekam meine Freundin genau von diesem gleichen Engel Durchsagen.

So begann ich immer öfter, die Durchsagen der Geistigen Welt für mich zu behalten. Es waren wunderschöne Gedichte und Botschaften, die ich zuvor nie so hätte formulieren können.

Musste ich anfangs vor dem Schreiben noch in eine Meditation gehen, um die Verbindung zu den Engeln zu spüren, ging es schon kurze Zeit später wie von selbst. Verspürte ich ein Bedürfnis zu schreiben, setzte ich mich hin, und die Worte flossen ohne Unterbrechung auf das Papier.

Viele „Geistesblitze" passierten auch, während ich die unterschiedlichsten Tätigkeiten ausübte. Selbst nachts wurde ich wach, und das Bedürfnis zu schreiben ließ mich so lange nicht einschlafen, bis ich diesem inneren Drängen nachgegeben hatte. Dabei umgab mich stets eine Energie, die von Frieden und Freude geprägt war.

Ja, es war die reine Freude, die mich zum Schreiben animierte, und ich erkannte sehr bald, dass ich zu schreiben aufhören musste, wenn dieses Gefühl sich auflöste. Tat ich es nicht, musste ich alle Texte löschen, die von meinem Verstand diktiert worden waren.

In der Folge suchten mich viele schöne Visionen heim. Einmal zeigte Jesus mit seiner ausgestreckten Hand auf ein Gebäude neben einer wunderschönen Wallfahrtskirche, in dem ich vor einer Gruppe von Menschen saß, die meinen Texten lauschten. Ich wusste, dass dieser Ort für mich eine besondere Bedeutung haben würde, und es ist später genauso eingetroffen.

Bei einem Seminar erhielt ich während eines Channelings genaue Auskunft über den von mir so oft gehörten Namen Melchisedek.

„Ich bin Melchisedek, sei gegrüßt in Licht und Liebe, geliebte Schutzbefohlene!

Ich danke dir für deine Bereitschaft, dich für bewusste Kommunikation mit mir zu öffnen. Wir sind seit unendlicher Zeit miteinander verbunden und haben schon sehr oft zum

Wohl des allmächtigen Vaters und seiner Geschicke zu-
sammengearbeitet.

Ich bin schon sehr lange in deinem Energiefeld und
inspiriere dich. Zu meiner Freude hast du die meisten In-
spirationen angenommen und umgesetzt. Mit jeder Befol-
gung konnte sich deine Schwingung weiter anheben, und
dadurch wurde es auch für mich leichter, in deinen Gedan-
ken wahrgenommen zu werden.

Du bist eine von den weisen Seelen, die bereit sind,
im schwierigen Erdenleben Wegbereiter für den Aufstieg
des Planeten zu sein. Du bist zu einer Zeit in deine Inkar-
nation gestartet, in der sich noch viel Dichte in der Erden-
schwingung befand und diejenigen, die für das Licht ar-
beiten, sehr oft alleingelassen wurden. Doch du bist ohne
zu zögern deinen vorbestimmten Weg gegangen, der in
der heutigen Zeit leichter wird, was die Akzeptanz der All-
gemeinheit, nicht aber deine Bestimmung betrifft.

Du hast dich bereiterklärt, Toröffnung zu sein, damit
sich meine hohe Energie auf der Ebene von Zeit und Raum
verankern kann. Meine Energie wird bei euch gebraucht,
sie wird viel beim Umdenken bewirken, und ich sage dir,
dass dadurch ein weiterer Ankerpunkt entstanden ist, wo
Schöpferenergie sich durch die Bereitschaft vieler licht-
voller Seelen ausbreiten und miteinander verbinden kann.

Unzählige lichtvolle Seelen bilden bereits einen energetischen Kreis um den Planeten Erde. Ankerpunkte des Lichts gibt es über euren ganzen Planeten verteilt, wo hohen und höchsten Lichtwesen die Möglichkeit geboten wird, die Veränderung für eure Welt einzuleiten. Diese Ankerpunkte sind Licht-Trafostationen, wo das machtvolle Licht der hohen und höchsten Lichtwesen auf ein für euch erträgliches Maß transformiert wird. So sind lebendige Lichtstationen entstanden, die die Erwachten mit- und untereinander verbinden, stützen und stärken.

Dadurch hat auch deine Energie sich verändert. Sie schwingt in einer neuen, höheren Frequenz, was es dir leichter macht, mit vielen Dingen und Problemen umzugehen.

Nun möchte ich dir mitteilen, dass du die Schwingung meines Namens von Anfang an richtig verstanden hast, aber die Schreibweise nicht dem entspricht, wie du sie ausdrückst. Ich bitte dich, zwischen Melch und Isedek einen Punkt zu machen und zwar genau in der Mitte.

Ich bin Melch•Isedek, dein Geistführer und Ratgeber, und komme von den Plejaden.

Der Punkt in der Mitte ist mein Zeichen und bedeutet, dass ich mich ganz und gar in die irdische Welt einklinke, um durch dich ein Wegbereiter zu sein.

Ich möchte neue Erkenntnisse, die auf unserem Planeten entstehen, durch deinen Kanal auf die Erde bringen, damit sie den Erdenbewohnern Heilung und Bewusstseinserweiterung bringen.

Ich bitte dich, dich mit mir zu verbinden, wann immer du das Bedürfnis danach und die nötige Ruhe dazu hast. Unsere bewusste Kommunikation steht erst am Anfang. Sie wird sich mit jedem Mal mehr vertiefen, und – durch deine Bereitschaft – so wirken können, wie es im Plan des allmächtigen Herrschers vorgesehen ist.

Ich werde auch in deine Träume kommen und dir Einblick darin geben, was vor vielen Leben unser gemeinsames Wirken war. Ein Tun, dem die Liebe zu Allem-was-ist vorangegangen ist, das anderen Heilung gebracht hat und uns auf ewig miteinander verbindet.

Ich danke dir, dass du auf deine innere Stimme, durch die ich zu dir spreche, hörst. Du bist eine wundervolle große Seele, und dein Licht, das du ausstrahlst, ist von den Plejaden aus sichtbar.

Die Zeit ist gekommen, da du erkennst, dass dein Leben neu ausgerichtet wird. Lass los von begrenzenden Vorstellungen, sie sind nicht mehr angebracht.

Weite und Erkenntnis sind es, die nun in dein Bewusstsein Einzug halten sollen. Weite für die unbegrenzten Gaben aus unbegrenzten Quellen für deinen unbegrenzten Geist. Weite birgt in sich das Erkennen, dass du unbegrenzter Geist bist, der sich in der materiellen Welt ausdrückt.

Das Füllhorn lichtvollen Geistes wird über dich ausgeschüttet. Lebe die Weite, um die Gaben der Quelle in ihrem vollen Ausmaß annehmen zu können.

Du bist gesegnet. Gib den Segen, der deinem Tun und deiner Kreativität innewohnt, weiter, damit andere davon berührt werden. Lass zu, dass das Neue, Beglückende, Einlass in dein Leben findet. Lass alle deine Ängste los, umso schneller bist du durch die Zeit der Prüfungen hindurch.

Deine geistigen Helfer sind stets zur Stelle, um dich zu stützen und zu führen, weil du es ihnen gestattest. Ihre Energie wird dadurch für dich stärker spür- und fühlbar. Lerne mit allen deinen Sinnen, auf sie einzugehen. Sieh, fühle und höre mit allen deinen Sinnen. Setze sie jederzeit ein, um gerüstet zu sein für den Moment, in dem die Schleier hochgehoben werden und du bewusster siehst, hörst und fühlst.

Du hast lange und schmerzvoll auf diesen Bewusstseinsstand hingearbeitet, und es war lange Zeit das menschliche Ego, das manches erfolgreich blockiert hat. Doch die neue Energie unterstützt dein Bemühen, und der

Durchbruch ist nur mehr eine Frage von Zeit, wie du zu denken pflegst.

Höre auf die Stimme deiner Seele, sie spricht schon lange zu dir, aber der Lärm der äußeren Welt übertönt sie, wenn du nicht bereit bist, ihn abzustellen.

Ich bitte dich, sei dir deiner Kraft und Größe bewusst und gehe in Liebe jeden Tag deiner Wege, zu deinem eigenen und zum Wohl und Wachstum anderer Menschen.

AMEN"

Bald darauf fing ich an, das Märchen *Flores, der Elf*, erschienen im Elias Verlag, zu schreiben. Ein Märchen mit Naturgeistern, das Kinder wie Erwachsene gleichermaßen begeistert, erzählt es doch ohne erhobenen Zeigefinger vom tieferen Sinn des Lebens im Allgemeinen und der Liebe im Besonderen.

Leider machte ich den Fehler, es meiner Freundin zum Korrekturlesen zu geben. Erst behielt sie das Manuskript monatelang bei sich, weil ihr anscheinend die Zeit fehlte, sich damit zu beschäftigen, und als sie es endlich tat, musste ich erleben, dass sie es zu verändern gedachte: Es sollte ihre Handschrift tragen. Sie begann, die Figuren abzuwandeln und neue Erlebnisse einzubauen, die die Geschichte vollkommen verfälscht hätten. Hätte ich es ihr zur „Bearbeitung" überlassen, wäre es nicht mehr mein Skript gewesen.

Dieses Buch leitete das Ende unserer Freundschaft ein, denn ich erkannte immer mehr, wie sehr ihr Handeln von Eigennutz geprägt war.

Ich zog mich immer mehr zurück, was mir erleichtert wurde, als sie einen Mann kennenlernte, wodurch ihre Aufmerksamkeit nicht mehr ausschließlich auf mich gerichtet war.

Seit vielen Monaten schon redete ich mit meinen Engeln und bat sie, mir zu helfen, diese Freundschaft, die für mich keine mehr war, auf für beide befriedigende Art zu beenden. Doch es geschah lange Zeit nichts, bis es zum großen Finale kam, das mein Leben von einem Moment zum anderen veränderte. Doch bis es so weit war, machten es mir viele kleine und größere Erkenntnisse immer leichter, mich auf meine Bedürfnisse zu konzentrieren und auf meine innere Führung zu vertrauen.

In jener Zeit geschah es auch, dass ich während einer Meditation, die in einen kurzen Schlaf mündete, von einer gewaltigen Schwingung erfasst und hochgehoben wurde, während laut mein Name gerufen wurde. Mich hatte durch den gewaltigen Schwindel die pure Angst erfasst, und sie verhinderte, dass ich mich der Erfahrung mit dem nötigen Vertrauen hingeben konnte.

Dasselbe passierte einige Zeit später noch einmal auf die gleiche Art und Weise, und wieder waren es meine

Ängste, die mich blockierten, „weiterzugehen". Danach blieben solche Erfahrungen lange Zeit aus, und ich musste erst lernen, vertrauensvoller dem Kommenden entgegenzusehen.

Damals wusste ich nicht, wie notwendig es noch für mich sein würde, Vertrauen in die Kraft und Hilfe der Engel zu haben. Das war zu einem Zeitpunkt, an dem ich dachte, mit dem Leben abschließen zu müssen. Als mir die Endlichkeit meines Lebens durch die Diagnose Lungenkrebs vor Augen geführt wurde.

Emotional zutiefst getroffen, suchte ich bei meiner Freundin energetische und menschliche Hilfe und musste erfahren, dass sie nicht bereit war, ihre Interessen hintenanzustellen, um mir in diesen Stunden und Tagen beizustehen. Da erkannte ich ihren Charakter glasklar.

Ich sah mich der größten Herausforderung und Angst meines Lebens ausgesetzt. In schlaflosen Nächten arbeitete ich mental und meditativ die emotionalen Dinge auf, die mir ins Bewusstsein kamen, und machte die Liebe zu meinem größten Verbündeten. In dieser Zeit kam viel emotionaler Müll hoch, auch solcher, der schon jahrzehntelang zurücklag. Viele Stunden verband ich mich mit den Engeln und bat sie, mir zu helfen, meine Ängste abzulegen.

Dadurch bekam ich auf einmal eine sehr innige Verbindung zu meiner 1983 verstorbenen Mutter, mit der ich oft und viel zu schreiben begann. In vielen Durchsagen erfuhr ich von ihr Trost und Kraft in dieser schweren Zeit. (Siehe *Ich sage dir..., Botschaften und Bilder aus dem Lichtreich*, Elias Verlag)

Ehe ich mich zur notwendigen Operation entschloss, suchte ich Hilfe bei Barbara, um durch ihre energetische Behandlung mein seelisches und körperliches Gleichgewicht zu finden und zu stabilisieren.

Die Behandlungen bei Barbara Ljubi in Unterpremstätten, nahe Graz, zählten zu den Erfahrungen, die mir enorm halfen und mich am meisten in meinem spirituellen Wachstum unterstützten. Es ist erwiesen, dass im Leben immer etwas geschieht, das uns aus der Bahn wirft, damit wir zu dem kommen, was wir erfahren sollen.

Es zeigte mir aber auch, dass *das Leben* immer auf unserer Seite ist, sonst wären wir nicht da, wo wir sind. Aber leider sind *wir* nicht immer auf der Seite des Lebens, obwohl wir die Verpflichtung haben, ihm eine Chance zu geben. Wir sollten dankbar sein für dieses Leben, egal, wie es sich ausdrückt. Denn auch die Angst ist dazu da, damit wir lernen, die Chance unseres Daseins zu erkennen.

Die Energiearbeit brachte zutage, dass niemand außer mir verantwortlich dafür war, dass ich das Lungenproblem bekam. Ich selbst hatte zu lange zugelassen, dass sich schwere, ungelöste Energie über mein Herz legen und mich einengen konnte. Ich allein bin für mein Leben und alle meine Probleme verantwortlich, abgesehen von den Dingen, die man ohnehin als Familienkarma mit in dieses Leben genommen hat. Und das waren in meinem Fall Bronchial- und Lungenprobleme, an denen bereits meine Mutter und zwei meiner Brüder litten.

Mir wurde bewusst, wie sehr ungelöste Probleme den Brustkorb – und damit die Lebensbejahung – einengen. Wenn man erst einmal begonnen hat, Einengung zuzulassen, kommt eins zum anderen. Und man merkt nicht einmal, dass man in der Rolle einer Dulderin ist.

Kränkungen, selbst verschuldete Probleme wie die mit meiner Freundin, übernommene Glaubensmuster und vererbte Gedankenmuster sind es, die sich als krankmachende Energie im Lichtfeld ablagern und sich dort sehr lange halten können, oft über viele Jahre hinweg. Doch irgendwann ist es der berühmte Tropfen, der das Fass zum Überlaufen bringt: Dann verschiebt die Energie sich aus dem Lichtkörper in den physischen Körper und wird dort als Krankheit sichtbar. So, wie bei mir.

Ich habe so oft meine Engel gebeten, sie mögen mir einen Weg aufzeigen, um aus der verhängnisvollen Beziehung mit der Freundin aussteigen zu können, ohne dass es deswegen Streit und Unfrieden geben müsse. Ich konnte nicht ahnen, dass der Weg daraus mich in solch eine tiefe Krise führen würde, wie es mit der schockierenden Diagnose geschah. Doch nur dadurch war ich innerhalb kürzester Zeit in der Lage, diese Freundschaft, die schon längst keine mehr war, aufzukündigen und dabei ein Gefühl tiefen Friedens, Dankbarkeit und großer Liebe zu verspüren. Sie hat mir in vielen Dingen den Spiegel vorgehalten, und ich bin ihr zu Dank verpflichtet für die Erkenntnisse, durch die ich reifen und von Einengung frei werden konnte. Denn es war eine Befreiung, die mir Flügel verlieh.

Barbara Ljubi unterstützte mit der energetischen Harmonisierung meines Lichtkörpers meinen Entschluss zur Operation, sodass ich fast freudig in die Klinik ging und dem Kommenden mit größter Zuversicht entgegensah, zumal ich in meinem Leben weitestgehend Ordnung geschaffen hatte. Mittlerweile hatte ich mich auch von sehr vielen anderen einengenden Belastungen gelöst und fühlte mich im wahrsten Sinne des Wortes erleichtert.

Wundervolle Botschaften erreichten mich in dieser Zeit der energetischen Behandlung, und ich spürte die Lichtwesen, deren Liebe sich wie ein Mantel um mich legte.

Ich bin Melch•Isedek,
sei gegrüßt aus meinem Licht!

Gehe voller Vertrauen durch diese Prüfung, und ich versichere dir, dass du stärker als zuvor daraus hervorgehen wirst. Deine Seele, dein ganzes Sein, erstrahlt im hellen Licht. Es drängt, sich mit unserem Licht zu vereinen, um gemeinsam das zu schaffen, wofür du vorgesehen bist. Wir helfen dir und beschleunigen deinen Heilungsprozess so kraftvoll und harmonisch wie möglich.

Du hast zugelassen, dass der Fluss nicht mehr gestaut ist, sondern mit seiner ganzen Kraft fließen kann. Vieles wird nun sichtbar für dich.

Freue dich auf den Augenblick des Erkennens. Er ist begleitet von deinen Freunden auf dieser Seite des Schleiers.

Wir erwarten dich nicht mit leeren Händen. Wir haben Geschenke für dich vorbereitet. Kreativität, das Wissen um Dinge, die dir auf den höheren Ebenen gezeigt werden, und das Geschenk der Seelenheilung warten darauf, in deine Hände gelegt zu werden. Du brauchst sie nur auszustrecken und um die Gaben bitten. Alles andere geschieht von allein.

Jener Moment, als mir die Oberärztin nach der Operation mitteilte, dass meiner vollständigen Heilung nichts mehr im Weg stehen würde, weil der Rundherd in meiner Lunge sich doch als „gutartiges artfremdes Knorpelgewebe" herausgestellt hatte, war unbeschreiblich.

Dank der vorherigen energetischen Heilbehandlungen war ich nach der Operation körperlich und emotional in einem hervorragenden Zustand und konnte bereits vier

Tage danach die Klinik verlassen.

Anschließend war die Behandlung bei Barbara von tiefem Ernst begleitet. Barbara sah sieben schneeweiße Gestalten in Kapuzenkleidung um mich stehen. Mit ernstem Gesichtsausdruck forderten sie mich auf, mich konsequent meiner Weiterentwicklung zu widmen. Ich hätte besondere Aufgaben und müsse lernen, aus meinem begrenzten Denken auszusteigen. Auch sollte ich meine Handlungen und mein Denken aus der Sicht eines größeren Verständnisses erkennen und Begrenzendes in meine neue Erkenntnis des Unbegrenzten transformieren. Außerdem würde ich noch mit weiteren Prüfungen konfrontiert werden, die eine Einweihung sein würden. Doch sollte ich ohne Angst sein.

In der Nacht danach hatte ich einen sehr lebhaften Traum, aus dem ich wie nach einem langen Schlaf erwachte und die Worte niederschrieb, die mir durch den Kopf gingen:

Geliebtes Sein!
Ich bin Melch•Isedek

Was vor Jahren nur eine Vermutung für dich war, ist seit heute Wissen. Du hast heute die Halle des violetten Feuers kennengelernt, und St. Germain hat dich in den Reinigungsstrahl geführt. Du hast erlebt, wie große Teile deines Egos Stück für Stück von dir abgefallen sind und sich aufgelöst haben. Du hast erlebt, wie viele deiner Blockaden geschmolzen und zu Asche geworden sind. Das hat dir die Vergänglichkeit des Menschlichen mit all seinen Programmierungen und Ansichten gezeigt. Du bist dem Feuer als göttliche, ewige, unzerstörbare Energie entstiegen und durch die Türe des Erkennens gelangt. Unsere Energien sind miteinander verschmolzen und haben dir ein Bild dessen gezeigt, was sich dir in Meditationen vor Jahren offenbarte.

Wisse, dass es dich auf den Weg in die höheren Schwingungsfrequenzen führt, wo immer mehr Botschaften durch dich deine Mitmenschen erreichen sollen.

Göttliche Botschaften werden immer mehr angenommen, denn die Welt verändert sich. Die Menschen brauchen den Halt, den ihnen spirituelle Botschaften vermitteln, weil sie fühlen, dass sie die Wahrheit sind und nicht die menschlichen Versicherungen der scheinbar Mächtigen der Welt. Viele Inseln des Friedens und des Lichts werden in den kommenden Jahren entstehen, auf die sich die Menschen zurückziehen können, die bereit sind, das menschliche Ego, die materiellen Werte und die falschen Glaubensmuster loszulassen, die ihr Leben bis jetzt geprägt haben.

Geliebtes Sein, halte an deinem Glauben und Vertrauen fest, das du dem Göttlichen entgegenbringst. Lass dich nicht verunsichern, wenn dein Umfeld nicht wie du emp-

findet.

Sei dir bewusst, dass weder Dinge noch Gedanken ohne Grund in dein Leben treten. Bitte um Erklärung, wenn du sie noch nicht allein erkennen kannst. Mit der Zeit wirst du wissen! Deine Seele, dein Geist, deine Zellen wissen bereits, und das seit Anbeginn deines Seins. Dein gereinigtes, geläutertes Menschsein wird es bald auch wissen!

Liebe dich und erkenne die Liebe, die du bist. Trage sie hinaus ins Leben und berühre andere Herzen damit. Hilf ihnen, den Weg des Lichts zu gehen, zeige ihnen ihre Stärken und motiviere sie, zu ihrer Bestimmung zu stehen.

Öffne deinen Kanal und dein Herz in Liebe und Freude, denn es ist, es ist, es ist!

Ich entwickelte mich von der Raupe zum Schmetterling. Meine Verbindung nach oben wurde intensiver, und ich fühlte Stärke und ein Selbstbewusstsein in mir, das ich zuvor nie hatte. Dazu trug natürlich meine innere Bereitschaft, mich mit der Geistigen Welt zu verbinden, intensiv bei. Die Botschaften meines Geistführers spornten mich zu Leistungen an, die ich früher wegen meiner Zweifel nie zustande gebracht hätte. Aus jedem Wort, das mir von ihm übermittelt wurde und wird, ist die Liebe der Lichtwesen zu uns Menschen zu spüren.

Heute bin ich dankbar für die Geschehnisse, die dazu

führten, dass ich zu der Frau wurde, die ich heute bin. Ich bin den Engeln unendlich dankbar für die Verbindung, die immer spürbarer wird und meine Kreativität belebt, sodass nicht nur das Schreiben zu meinem Lebensinhalt geworden ist, sondern auch Gespräche und die Treffen mit anderen Menschen. Es kommt so viel Liebe zurück, wenn man bereit ist, Liebe zu geben.

Wie viele andere Menschen auch, bin ich durch meine Erfahrungen gegangen. Ich habe lange Zeit mit dem Schicksal gehadert, das so ungerecht zu sein schien, und durfte, wenn auch spät, erkennen, dass dieses Denken nicht der Wahrheit entspricht.

Mir wurde die Gnade zuteil, zu erleben, dass man auch mit über 60 Jahren nicht zu alt ist, um umzudenken und sich für Veränderung und Engelserfahrungen zu öffnen, und dass es auch in tiefsten Krisenzeiten Menschen gibt, die einem beistehen und helfen, damit man das Licht am Ende des Tunnels wieder sehen kann.

Als ich bereit war, für meine Engel Herz und Seele zu öffnen, fühlte ich in meinem Innern die Wahrheit dessen, dass Gott in mir ist, wie auch ich in IHM bin. Zum Jahreswechsel 2011 erhielt ich eine überaus liebevolle Botschaft von der göttlichen Mutter, die mir meine Ängste vor dem so viel zitierten Schicksalsjahr 2012 nahm.

Ich bin Maria

und sende meine Liebe zu den Engeln auf Erden.

Jeder Mensch trägt Gottes Ebenbild in seiner Seele und seine Liebe im Herzen. Jeder Mensch kann für sich den Himmel auf Erden erschaffen, wenn er bereit ist, Herz und Kopf zu vereinen und diese Einheit in seinem Denken und Fühlen zu leben.

Gerade die jetzige Zeit ist für die Menschheit von großen Veränderungen und Emotionen geprägt. Ihr alle wisst davon, und viele von euch sind voller Furcht, weil sie Angst haben, das, was ihnen lieb und teuer ist, zu verlieren.

Ihr könnt nichts verlieren, denn alles ist in euch. Ihr seid mit allem und allen verbunden. Jede Seele ist ewig, sie ist ganz. Wo sollte da Trennung geschehen können? Ihr habt nur Angst, euer Kontrolldenken aufzugeben, doch das ist etwas, was ihr lernen solltet, loszulassen.

Der Körper kann krank sein, aber er kann, wenn man richtig mit ihm umgeht, heilen, es sei denn, die Seele hält die Zeit für gekommen, die Lektionen dieses Lebens abzuschließen, um sich die Kraft für neue Erfahrungen im Licht der Einheit zu holen. Die Seele weiß, dass das Leben eine zeitlich begrenzte Erfahrung ist, mit einem Anfang und einem Ende. Sie weiß aber auch, dass es immer ein Wiedersehen gibt, doch ist diese Erfahrung für euer

Denken eine Lektion, die wohl eine der schmerzhaftesten ist.

Die Neue Zeit des Lichts und der Liebe ist angebrochen, und sie wird euch helfen, eure Lebenserfahrungen in einem anderen Licht zu sehen, auch wenn ihr euch das noch nicht vorstellen könnt. In der Neuen Zeit sollte nur mehr aus dem Herzen „gedacht" und gehandelt werden. Es ist die Zeit der Liebe, des Friedens, der Fülle und der Freiheit, und der göttliche Vater möchte, dass alle seine Kinder mit diesen Emotionen von Liebe, Frieden, Fülle und Freiheit erfüllt sind.

Nur durch das Loslassen des Egos, das Teil eures Kontrolldenkens ist, könnt ihr in die Schwingung der Neuen Zeit kommen. Nur durch das Vertrauen, dass jeder von euch göttlich geführt ist, werdet ihr in die Frequenz des Goldenen Zeitalters gelangen, und ihr werdet Dinge mit dem Herzen verstehen, über die ihr heute noch den Kopf schüttelt.

Das Jahr 2011 ist das Jahr der sich öffnenden Herzen, und wenn es derer genügend sind, können sich das Licht und die Liebe, der dauerhafte Friede, die Fülle und die Freiheit für jeden Erdbewohner im Sichtbaren manifestieren.

Indem die Menschen sich auf das Licht ausrichten, können immer mehr Lichtwesen sich unter euch Erdenen-

gel mischen und euch dabei unterstützen, euer Herz für noch mehr Liebe und Licht, für ein Miteinander und für Dankbarkeit zu öffnen.

Seid dankbar auch für diese Zeit der Umwälzung, denn sie bereitet euch auf das vor, wozu ihr auf diese Welt gekommen seid: Ihr sollt den Himmel auf die Erde bringen.

Stärkt untereinander das Vertrauen in die Kräfte der Liebe und des Lichts, dann werden all die Wunder geschehen, die ihr euch erhofft.

Mein Segen ist allezeit mit dir!
AMEN

Es erreichten mich Botschaften von vielen Lichtwesen, die meine Bewusstwerdung auf subtile und liebevolle Art unterstützten. Mit ganz besonderem Dank empfange ich Botschaften von Mutter Maria und von Melch·Isedek, denn es sind ihre Aussagen, die mein Leben bereichern und die meine Schwingung von Mal zu Mal lichtvoller und leichter machen.

Maria

Ich komme auf meinem Strahl der bedingungslosen Liebe in dein Herz und erfülle es mit meiner Gegenwart.

Spürst du meinen Frieden, geliebtes Kind?

Fühlst du mein Vertrauen in dich, das grenzenlos ist?

Hörst du das Lied Gottes, das in deinen Zellen schwingt?

Siehst du die Veränderung, die mit dir geschieht, wenn du in den Spiegel schaust und darin MICH erblickst?

Immerzu sollen in deinem Herzen der Frieden und die Liebe wohnen. Und wenn es Stunden gibt, in denen Kummer dich niederdrückt, wisse, dass ich in deinem Herzen bin und darauf warte, dich zu umarmen.

Ich bin die Kraft des tröstenden Segens. Was auch in diesen Tagen der Umwälzung geschehen mag, fürchte dich nicht! Vertraue darauf, dass jede Aufgabe, jede Erfahrung, die du durchlebst, dich deine Göttlichkeit erkennen lässt.

Mein heilender Segen ist allezeit mit dir!
AMEN

Mir durfte durch meine enge Verbindung mit den Licht-wesen bewusst werden, dass ich nie etwas verliere, wenn ich Altes loslasse, sondern ich konnte mich auf neue Men-schen und Erkenntnisse freuen, die daraufhin in mein Le-ben traten, ohne mich einzuengen oder festzuhalten.

Ich durfte Gefühle entwickeln, die ich zuvor nie ge-kannt hatte – zu meinem Partner, meinen Kindern, Freun-den und zu meinem Umfeld. Es sind Gefühle von Liebe, frei von Anhaftung, und solche, die anderen vermitteln wollen, dass ich die Einzigartigkeit, die jeder von ihnen ist, in ihren Augen erkenne.

Wenn man sich für die Liebe öffnet, geschehen jene Wunder, die sich jeder von uns für sein Leben und seine Lieben erhofft.

Heidrun Siebenhofer
An Maria im Himmel - Postlagernd
ISBN 978-3-941363-21-2
152 Seiten, A5, broschiert

Wir alle kennen Situationen im Leben, in denen wir uns blockiert fühlen. Probleme und Rückschläge scheinen uns zu behindern, und das Licht am Ende des Tunnels scheint meilenweit entfernt zu sein.

In einer solchen Situation wendet sich eine Hausfrau in einem Brief an die Gottesmutter, wonach ein lebhafter Briefwechsel zwischen den beiden beginnt.

Dabei geht es um 24 Fragen des Lebens, die vor allem Frauen betreffen.

Maria antwortet mit einfachen Worten, ohne dabei ins religiös-theologische abzugleiten, und vermittelt der Schreiberin auf einzigartige Weise, dass jede Erfahrung, jeder Schritt, den wir setzen, jeder Mensch, der uns begegnet, uns der eigenen Spiritualität näherbringt.

Leicht verständlich und zugleich unterhaltsam zu lesen, richtet sich das Buch an alle Frauen, die beginnen, die tieferen Zusammenhänge des Lebens zu hinterfragen.

Birgitta Winkler
Wir sind Gott
Die fünf Phasen vom (seelischen) Hungertod zu unserem Leben als göttliche Wesen
ISBN 978-3-941363-78-6
216 Seiten, A5, broschiert, vierfarbig

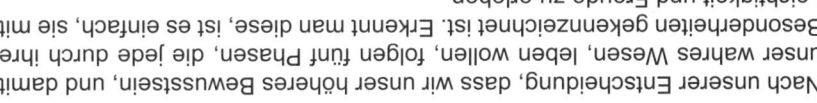

Entgegen einigen Prophezeiungen bleibt die Welt auch nach 2012 bestehen – allerdings ist dieses Jahr der Wendepunkt in der Entwicklung des höheren Bewusstseins der Menschen.

Nach unserer Entscheidung, dass wir unser höheres Bewusstsein, und damit unser wahres Wesen, leben wollen, folgen fünf Phasen, die jede durch ihre Besonderheiten gekennzeichnet ist. Erkennt man diese, ist es einfach, sie mit Leichtigkeit und Freude zu erleben.

In der 5. Phase haben wir unser Bewusstsein so weit verändert, dass unser Leben sich vollends wandelt: Es wird zu einer kunstvollen Schöpfung, in der wir uns und unser wahres Wesen frei ausdrücken.

Es liegt an uns, dass wir an diesem Wendepunkt entscheiden, wie wir unser Leben leben wollen. Machen wir so weiter wie bisher, oder entscheiden wir uns für das Abenteuer "wahrhaftiges Leben"?

Muriel Euphémie
Soranel – Tor der Einheit
Die Realität deines Lichtkörpers auf der Neuen Erde
272 Seiten, A5, broschiert, vierfarbig
ISBN 978-3-941363-75-5

Wie fühlt es sich an, auf der Neuen Erde zu sein? Was bedeutet es, in der Einheit mit Allem-was-ist zu leben? Was können wir tun, um unsere feinstoffliche Wahrnehmung so zu entwickeln, dass wir sie ganz präsent und bewusst spüren und erleben können?Wie können wir immer mehr mit unserem ICH BIN, unserem wahren Höheren Selbst verschmelzen?

Soranel ist der Schlüssel, der das Sternentor öffnet und im Hier und Jetzt alle Dimensionen miteinander vereint – das Tor in eine neue Welt der Einheit mit Allem-was-ist.

Liebevoll, weise und fürsorglich begleiten uns verschiedene Engel, Aufgestiegene Meister, Stern- und Lichtwesen bei der Entdeckung und Entfaltung unseres wahren Selbst. Durch die verschiedenen Übungen werden wir Schicht um Schicht gereinigt, bis unser lichtvollstes Selbst ganz zum Vorschein kommt.

Bist du bereit, in eine neue Welt einzutreten? Dann begib dich hinein...

Zora Gienger
Heilkraft der Dualseelen
Gemeinsames Wirken für die Welt
200 Seiten, A5, broschiert
ISBN 978-3-941363-73-1

Dieses Buch wirft ein neues Licht auf das Thema Dualseelen. Es beschreibt, was Dualseelen sind und wie sie sich erkennen, wie sie ihre Seeleneinheit lebendig halten können und wie es möglich ist, mit der Dualseele verbunden zu sein, auch wenn man nicht weiß, wer der Dualseelenpartner ist.

Es enthält liebevollen Hinweise, wie ein erfülltes, spirituelles Leben gemeinsam mit der Dualseele gelingen kann und welch ein Segen es ist, zu wissen, dass es Dualseelen gibt. Doch es schenkt auch Trost, wenn es im Alltag zu einer eher schmerzhaften Begegnung mit der Dualseele kommen sollte. Meditationen voller Liebe, Dankbarkeit und Segen motivieren, die eigene Seelenkraft zu entfalten und voller Freude die Einheit mit der Dualseele auf der Seelenebene zu feiern – jeden Tag aufs Neue.